Le film de science-fiction

Dans la même collection

LES GRANDS ACTEURS

Romy Schneider
Marilyn Monroe
Gérard Depardieu
Clint Eastwood
Simone Signoret
Steve McQueen
Grace Kelly (mars 1989)
Christophe Lambert (mars 1989)

LES GRANDS GENRES

Le cinéma érotique
Le film de science-fiction
Le film d'épouvante (mars 1989)

LES GRANDS RÉALISATEURS

Alfred Hitchcock
Sergio Leone (mars 1989)

LES GRANDS FILMS

Autant en emporte le vent

cinéma

Gilles Gressard

Le film de science-fiction

Editions J'ai lu

LA SCIENCE ET SES FICTIONS

Depuis le formidable développement des effets spéciaux, la science-fiction est devenue le genre cinématographique préféré du public. Grâce à La Guerre des étoiles, Alien, Blade Runner *et à de nombreux autres films, la science-fiction est désormais un des genres sur lesquels les producteurs acceptent d'engager des fortunes colossales, parce qu'ils savent que le public sera au rendez-vous.*

La science-fiction cinématographique – et littéraire – survivra et prospérera tant que personne ne saura ce qu'elle nous réserve. Sa meilleure preuve de santé est l'émerveillement identique qu'ont ressenti différentes générations de public en découvrant des œuvres aussi uniques que Le Voyage dans la Lune, *de Georges Méliès,* L'Homme invisible, *de James Whale,* 2001, *de Stanley Kubrick, ou* E.T., *de Steven Spielberg.*

La science-fiction au cinéma est toujours restée fidèle à un certain nombre de thèmes et de mythes. Sans s'appauvrir pour autant. Chaque fois que les spécialistes la disaient moribonde, elle repartait de plus belle ! Le secret de cette jouvence est simple : les films de SF sont des soupapes de sécurité et de divertissants « défouloirs ». Par le fantasme · ou le délire, ils permettent d'évacuer ou de sublimer les grands traumatismes contemporains. Pendant trois quarts de siècle, le cinéma de SF a rendu fidèlement compte des grands bouleversements scientifiques et des événements historiques marquants. Car ce genre cinématographique n'est rien d'autre que l'expression des peurs et des espoirs de l'homme moderne face à la science et à l'avenir, par le prisme de l'imaginaire et de la fiction.

Sommaire

PREMIERS FILMS PREMIERS PAS

En décembre 1895, les frères Lumière projettent, pour la première fois, L'Arrivée d'un train en gare de La Ciotat, *dans le Salon indien du Grand Café, à Paris. Et quelques années plus tard, en 1902, Georges Méliès invente le cinéma de science-fiction avec* Le Voyage dans la Lune, *suivi d'œuvres aussi originales et achevées que* Le Voyage à travers l'impossible, *en 1904,* Vingt mille lieues sous les mers *et* Le Tunnel sous la Manche, *en 1907, ou encore* À la conquête du pôle, *en 1912.*

Méliès abandonna le réel pour explorer le rêve. Homme de spectacle, de magie et d'illusion, il accumula les escamotages et les féeries, mais son œuvre contient presque tous les grands thèmes du cinéma de science-fiction : le savant fou, la machine, l'anticipation, la fusée, le sous-marin, etc. Ce poète bricoleur d'images ouvrit la voie à toute une vague de films basés sur le merveilleux scientifique.

En 1900, la grande Exposition universelle de Paris présente toutes les grandes découvertes technologiques de la fin du XIXe siècle. La science promet des merveilles, tous les rêves en images sont permis. Encore à ses balbutiements, le cinéma a besoin de s'inspirer de la littérature... et principalement de deux extraordinaires visionnaires du futur : le Français Jules Verne et l'Anglais Herbert George Wells. Jules Verne mourra en 1905 et aura écrit ses plus grands romans avant l'avènement du cinéma. Mais il lui aura apporté ses scénarios de science-fiction les plus populaires : De la Terre à la Lune, *qui inaugure la conquête de l'espace,* Vingt mille lieues sous les mers, *qui anticipe sur le sous-marin,* Robur le conquérant *et* Le Maître du monde, *précurseur du savant incompris en avance sur son époque, etc. Herbert George Wells, lui, écrivit ses plus grands romans avec l'avènement du cinéma. Tous furent maintes fois adaptés à l'écran, tellement ses écrits étaient visuels :* La Machine à remonter le temps, L'Île du Dr Moreau, L'Homme invisible, *etc.*

Ce n'est donc pas un hasard si le premier film important de l'histoire du cinéma de science-fiction, Le Voyage dans la Lune, *en 1902, s'inspire très librement de* De la Terre à la Lune *de Jules Verne (1865), pour les dix premiers tableaux, et des* Premiers Hommes dans la Lune *de H.G. Wells (1901), pour la suite.*

LE VOYAGE DANS LA LUNE

Tourné entièrement dans le studio de Georges à Montreuil-sous-Bois, *Le Voyage dans la Lune* se compose de 30 tableaux utilisant des décors peints (toiles de fond, objets en trompe-l'œil à partir de plaques de bois découpées, éléments de décor de carton-pâte posés au premier plan, etc.). Le film a demandé trois mois de tournage et une figuration importante. C'est la première superproduction de l'histoire du cinéma.

Mais la Première Guerre mondiale met bien vite fin à cette euphorie scientifique. Et le cinéma de SF va s'engager en des chemins nettement moins optimistes et souriants. Les scientifiques et les chercheurs n'ont jamais eu bonne réputation. Depuis le fond des âges, on a brûlé la sorcière bien qu'elle fût le premier médecin et on a souvent assimilé les nouvelles techniques aux manifestations diaboliques. Dans les mentalités populaires, toujours très superstitieuses et conservatrices, la science a longtemps été synonyme de magie noire, de réveils de forces incontrôlables et de nouvelles souffrances.

Après la littérature, le cinéma de science-fiction s'est donc fait un devoir de nous mettre en garde contre ces apprentis sorciers prêts aux expériences les plus folles... pour le bien de l'humanité. Et ce n'est pas un hasard si le cinéma, qui en est encore à ses balbutiements de divertissements forains, réalise, dès 1918, une première version de *Dr Jekyll et Mr Hyde*, produit par William N. Selig. Ce fut le premier vrai film de SF sérieux. Avant, les expériences folles du savant n'étaient prétexte qu'à gags visuels comiques à la Méliès. Ce *Jekyll* sera suivi, deux années plus tard, par une autre adaptation d'un grand

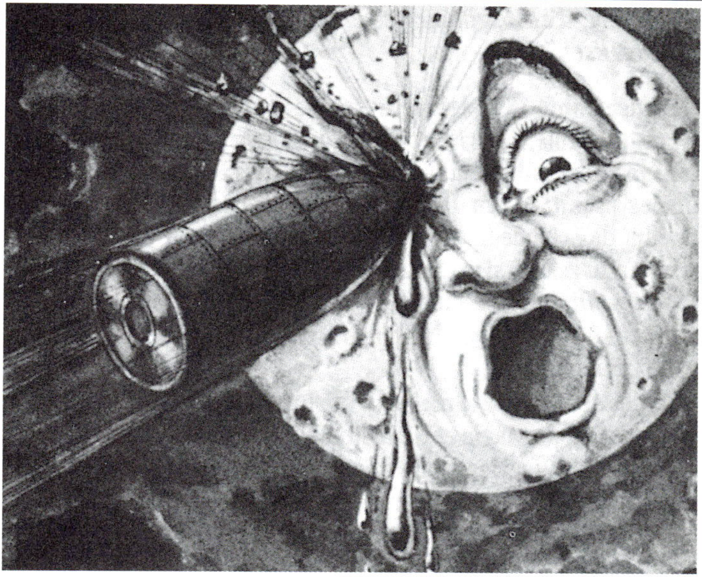

classique de la littérature de SF, *Frankenstein*, produit par Thomas Edison. À partir de là, les Jekyll, Frankenstein et tous leurs petits camarades savants fous vont s'enfermer dans des laboratoires secrets ressemblant plus à la cave d'un alchimiste qu'au laboratoire d'études d'un chercheur de la NASA. Ils vont manipuler des manettes branchées sur des appareils bizarres pour créer beaucoup de rayons de la mort et dominer le monde. Ils vont verser le contenu d'éprouvettes dans leurs alambics pour créer beaucoup de monstrueux robots et dominer l'homme.

Le Voyage dans la Lune, de Georges Méliès (1902).

C'est en 1926 que le cinéma de science-fiction va connaître son premier film événement : *Metropolis*.

En 1924, Fritz Lang se rend aux États-Unis

et découvre New York la nuit. Il est fortement impressionné par son architecture de gratte-ciel. Ainsi naîtra l'idée de

Une ville démoniaque

Metropolis, qu'écrira sa femme, Thea von Harbou. Ce chef-d'œuvre du cinéma expressionniste allemand dépeint une mégalopole moderne dont la surface est habitée par les puissants et où les ouvriers, exploités et enchaînés à leur machine jusqu'à l'épuisement, vivent en sous-sol. Au-delà du grand spectacle, le film mettait en garde contre le développement non contrôlé des techniques du futur. Mais il se terminait par la réconciliation du Capital et du Prolétariat et fut considéré comme inspiré d'idéologies socialisantes. Aujourd'hui, pourtant, avec le recul, on analyse *Metropolis* comme une vision prémonitoire du nazisme et des démons qui allaient conduire l'Allemagne vers la barbarie moderne.

L'homme et le robot *(Metropolis)*. C'est à New York que Fritz Lang conçut *Metropolis*.

Lang a réalisé une fresque futuriste à grand spectacle pour montrer ce que pouvait devenir la société des années 20 dans laquelle ses contemporains et lui vivaient. Mais le message du film a gardé une étonnante modernité. La preuve : en 1984, le compositeur Giorgio Moroder en racheta les droits et en fit une version musicale « rock new wave » (avec des chansons de Pat Benatar, Adam Ant, Bonnye Tyler, Freddie Mercury et quelques autres), coloriée, légèrement remontée et augmentée de quelques plans inédits. Le film « métamorphosé » de Fritz Lang déclencha une véritable passion parmi un jeune public d'aujourd'hui... qui ne serait, sans doute, jamais allé voir la version muette originale.

METROPOLIS

Neuf mois de tournage pleins (du 22 mai 1925 au 30 octobre 1926), 310 jours et 60 nuits, 36 000 figurants (dont 750 enfants, 1 000 Noirs, 25 Chinois et 1 000 têtes chauves)... *Metropolis* fut un des plus gros budgets du cinéma allemand d'avant-guerre.

ANNÉES 30
LA SCIENCE
EN FOLIE

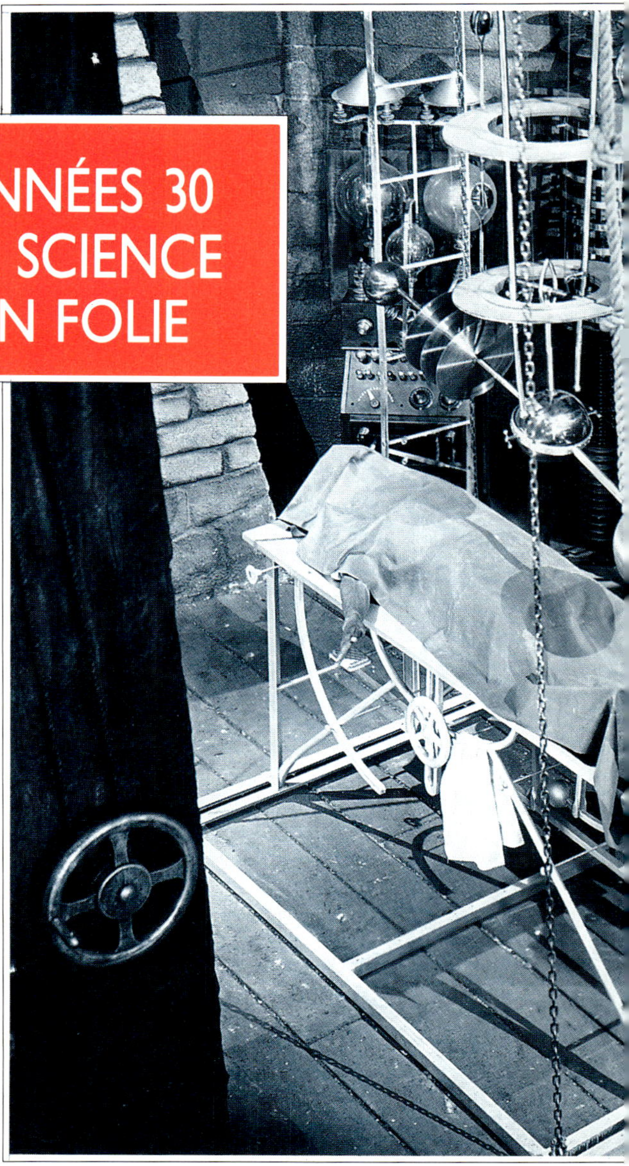

DANGEROUS

Le savant fou a la peau dure! Même dans Metropolis, *il parvient à se glisser pour inventer un robot destiné à remplacer les ouvriers. Ce robot, interprété par la belle et inquiétante Brigitte Helm, incarnait le Mal.*

Au début des années 30, le grand cinéma de science-fiction quitte l'Europe pour s'installer aux États-Unis. Après avoir exprimé ses angoisses devant la montée des intolérances nazies, ce cinéma de l'imaginaire va exprimer d'autres traumatismes : ceux que l'Amérique de 1929 a ressentis en passant, du jour au lendemain, de l'insouciante prospérité à la misère noire.

Frankenstein contre le loup-garou (Roy William Neill - 1943).

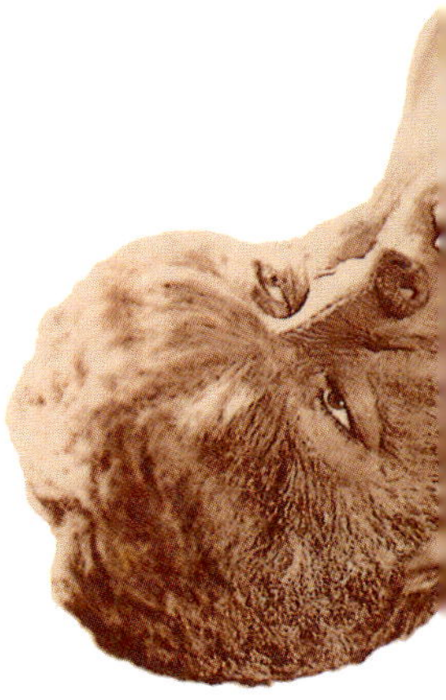

L'étrange cas du Dr Jekyll et du baron Frankenstein

1931. Dans une inquiétante tour-laboratoire qui se dresse au cœur de la nuit tourmentée, le fébrile Dr Frankenstein tente de donner vie à un corps humain composé de bouts de cadavres, à l'aide de la foudre volée au ciel. La main de la créature – poignet zébré d'une douloureuse cicatrice – se soulève légèrement et le bon Dr Frankenstein entre en transe, prononçant ces paroles sacrilèges devant un auditoire pétrifié. Un monstre est né. On l'appellera à tort Frankenstein, du nom de son créateur. Ce puzzle de bouts de cadavres, cette parodie de création divine n'a pas de nom. Mais c'est un être réel, une douloureuse déviation de la normalité qui inspire à la fois crainte et sympathie, répulsion et fascination. Dans *Frankenstein*, adapté d'un roman de Mary Shelley et réalisé par James Whale en 1931 (comme dans les deux suites que sont *La Fiancée de Frankenstein*, de Whale, en 1935, et *Le Fils de Frankenstein*, de Rowland V. Lee, en 1939), le monstre est vraiment le pauvre bougre à qui la science a donné un cerveau bourré de tendances criminelles et un corps d'une repoussante laideur. Le monstre de Frankenstein souffre du côté du cœur et veut qu'on l'aime. Mais, dès qu'on l'asticote un peu, il tue et détruit tout sur son passage. En 1931, il y avait de quoi traumatiser des salles entières de spectateurs américains encore mal remis du krach économique de 1929 et de la grande misère qui suivit l'effondrement de Wall Street. Le monstre, inventé par la femme-écrivain Mary Shelley, s'abat sur un paisible village d'Europe

centrale et devient aussitôt le symbole de la fatalité. En prégénérique du film, l'acteur Edward Van Sloane nous a prévenus : « *Frankenstein* est l'histoire d'un homme de science qui tente de créer un être humain en rivalisant avec Dieu. » Suprême sacrilège en 1931 !

En raison du succès, les aventures cinématographiques de *Frankenstein* se sont succédé. La Créature, non plus interprétée par Boris Karloff, s'est mise à dégénérer lentement mais sûrement. D'abord toute seule, puis en affrontant quelques autres monstres de la même époque (Dracula,

Boris Karloff et Elsa Manchester : fabuleuse rencontre....
(La Fiancée de Frankenstein - J. Whale - 1935).

le loup-garou, la momie, etc.), pour subir enfin les comiques style Abbott et Costello et participer aux pires pantalonnades d'épouvante.

Au cœur des années 30 américaines, beaucoup d'atrocités furent commises au nom de la science et du progrès. Les savants fous pullulèrent et certains sont entrés dans l'histoire... du cinéma !

Adapté d'un roman de H.G. Wells, le chirurgien de *L'Île du Dr Moreau*, réalisé par Erle C. Kenton en 1932, charcutait à coups de scalpel dans la chair vive des animaux pour les transformer en humains ! Et, dans *L'Homme invisible*, de James Whale, en 1933, encore adapté de H.G. Wells, un chercheur s'injectait un sérum d'invisibilité dans les veines avant de laisser libre cours à sa folie meurtrière. Inspiré du livre de Maurice Renard, le chirurgien interprété par Peter Lorre dans *Les Mains d'Orlac*, de Karl Freund, en 1935, greffait des mains d'étrangleur à un pianiste. Quant au *Dr Cyclops*, imaginé en 1939 par Ernest B. Schoedsack, un des pères de *King Kong*, il réussissait à réduire quelques humains à la taille de minuscules poupées.

Mais le plus fameux de tous les savants fous des années 30 reste ce bon vieux Dr Jekyll.

Légende ou réalité, on raconte que Robert Louis Stevenson, l'auteur de *L'Île au trésor*, était obsédé par l'idée que le Mal pouvait à tout moment contaminer un individu et tuer en lui toute pureté. À la suite d'une nuit de

Dr Jekyll et Mr Hyde de Rouben Mamoulian. (1932)

cauchemar, due aux drogues qu'il prenait contre l'insomnie, le romancier imagina ce brave Dr Jekyll inventant une potion pour libérer l'odieux Hyde sommeillant en lui. Cette double personnalité, surgie de l'inconscient, donna en 1886 le roman à succès que l'on connaît. Dès ses balbutiements, le cinéma s'empara du mythe.

En 1908, deux premières adaptations de *L'Étrange Cas du Dr Jekyll et de Mr Hyde* furent tournées... deux ans avant le premier *Frankenstein*. Dès lors, les Jekyll/Hyde crûrent et se multiplièrent. Dès 1913, Jekyll et Hyde sévirent en couleurs. En 1920, le rôle fut interprété au moins trois fois : par Sheldon Lewis puis par John Barrymore aux États-Unis et par Conrad Veidt (le somnambule du *Cabinet du Dr Caligari*) dans le film allemand *La Tête de Janus*, de Friedrich Wilhelm Murnau.

Au diable la science !

Ensuite, le raz de marée continua. Les plus remarquables adaptations furent la version réalisée par Rouben Mamoulian et interprétée par Fredric March en 1932 ainsi que celle réalisée par Victor Fleming et interprétée par Spencer Tracy en 1941. Alors que Fredric March composa un Hyde très simiesque, sexuel et violent (ce qui était fort courageux pour l'époque !), Tracy utilisa très peu le maquillage et joua beaucoup sur la douleur d'un personnage victime du Mal qu'il a réveillé. La saga de la famille Jekyll/Hyde continua ensuite. De plus en plus catastrophiques, fils et filles prirent la relève... Même les pénibles comiques de service Abbott et Costello se lancèrent dans *Deux nigauds contre le Dr Jekyll*... qui n'était autre que Boris Karloff.

ANNÉES 50 LE « BOOM » DU CINÉMA DE SCIENCE-FICTION

Les Terriens ont toujours voulu voir ce qui se passait du côté de la Lune et de Mars. La colonisation d'autres planètes est une des grandes préoccupations de l'homme. C'est le thème de la « nouvelle frontière »... aussi cher aux Américains qu'aux Soviétiques. Le cinéma se doit donc d'en rendre compte.

Le précurseur est, bien sûr, Méliès, avec Le Rêve de l'astronome ou l'Homme dans la Lune, *en 1898, suivi du célèbre* Voyage dans la Lune, *en 1902. Mais les cinéastes abandonnèrent très vite le ton de la comédie pour aborder le sujet avec un sérieux aussi scientifique que propagandiste. En 1924, le réalisateur russe Yakov Protozanov imagine qu'un ingénieur rêve d'une belle reine nommée Aelita régnant sur Mars, construit une fusée et débarque sur la planète rouge pour découvrir un monde où la classe ouvrière est réduite à l'état de robots.* Aelita, *que l'on a coutume de considérer comme le premier film de science-fiction soviétique, est d'abord une allégorie propagandiste pour la révolution d'Octobre.*

Les premiers vols (euh, pardon, sauts de puce !) de fusée datent de 1926, le thème est donc dans l'air lorsque Fritz Lang réalise le premier film « scientifique » sur le voyage dans la Lune : La Femme sur la Lune, *deux ans après* Metropolis, *en 1929.* La Femme sur la Lune, *film scientifique sans grands effets spéciaux, raconte la construction de la fusée, les préparatifs de départ, la mise à feu, le voyage en apesanteur, l'alunissage, puis tourne au mélodrame sentimental avec une chasse à*

La Chose d'un autre monde de Christian Nyby et Howard Hawks (1951).

l'or, un meurtre et le retour vers la Terre en catastrophe. Le film, malgré (ou à cause de) ses paysages désertiques et ses inexactitudes techniques, semble aujourd'hui bien vieillot et ennuyeux.

C'est aussi le cas de Destination Lune *que réalisa Irving Pichel, en 1950, aux États-Unis, et qui connut à sa sortie un succès considérable. Comme le film de Fritz Lang,* Destination Lune *avait pour conseiller scientifique le Pr Herman Oberth.*

Avec *Destination Lune*, étonnante propagande d'aventures en Technicolor, on sait que si les Russes avaient un spoutnik d'avance, c'est parce qu'ils envoyaient des saboteurs dans les bases américaines. Mais, malgré cela, les Américains ont réussi à être les premiers là-haut. Cela mis à part, le film d'Irving Pichel est très documentaire, très explicatif et présente avec presque vingt ans d'avance un spectacle très proche de celui que nous a offert l'astronaute Neil Armstrong le 20 juillet 1969, lorsque le cinéma fut dépassé par la réalité.

Les savants phosphorent sur les voyages interplanétaires *(Destination Lune - 1950).*

En 1955, le producteur de *Destination Lune*, George Pal, s'attaque à Mars avec *La Conquête de l'espace.* Astronautes et fusée sont prêts, mais un illuminé, qui voit dans l'expédition un blasphème contre Dieu, joue le saboteur. Pourtant une réplique du film mettait les choses au clair : « Dieu a créé l'homme sur la Terre, mais rien dans la Bible

La Lune en studio : on tourne *Destination Lune*

ne s'oppose à ce qu'il aille vers les autres planètes. » La très puritaine Amérique n'insultait pas Dieu en allant conquérir la Lune ! Ouf !

La Guerre des mondes a été écrite par H.G. Wells en 1898, trois ans après l'invention du cinéma. Les Martiens, Sélénites et autres créatures d'outre-espace ne tardèrent pas à envahir les écrans. Ils furent d'abord des personnages de comédie. Le premier E.T. à nous avoir rendu visite et

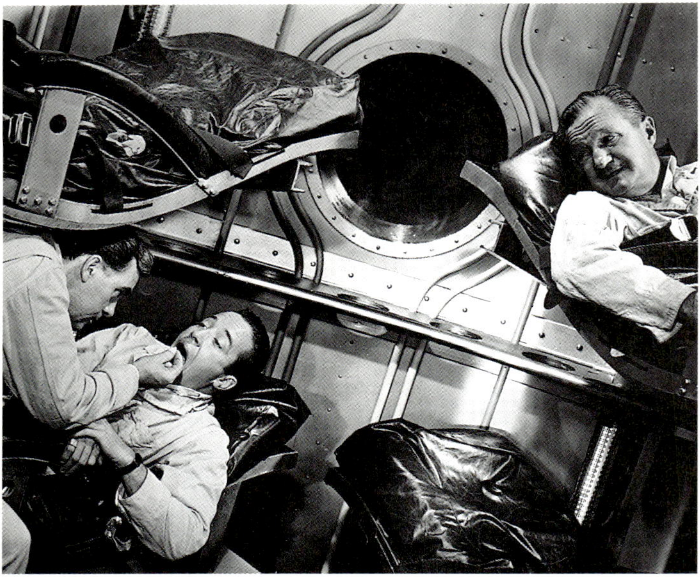

De la Terre à la Lune....
(Destination Lune).

qui soit recensé dans l'histoire du cinéma de science-fiction date de 1906 : c'était le Sélénite, tout blanc et pas méchant du tout, de *When the Man in the Moon Seeks a Wife.* Dans les années 30 et 40, les Martiens hantèrent quelques serials en jouant imperturbablement les « méchants de service » prêts à dominer la planète ou à la détruire. Mais ils n'attirèrent guère l'attention... sauf ceux d'Orson Welles !

Un certain soir, le 30 octobre 1938, les Américains qui écoutaient leur poste de radio eurent un choc ! Un dénommé Orson Welles et sa troupe du Mercury Theatre jouèrent en direct leur adaptation, particulièrement réaliste, de *La Guerre des mondes* de Herbert

George Wells. Wells-Welles... même combat !

C'était la veille de Halloween, fête des sorcières, monstres et autres frissons. Six millions d'Américains étaient à l'écoute. Et, malgré les annonces régulières précisant qu'il s'agissait de théâtre radiophonique, ce fut une véritable panique. Les gens fuirent leur maison, encombrèrent les autoroutes ou s'évanouirent. Cette hystérie, que l'approche de la Seconde Guerre mondiale ne suffit pas à expliquer, montre que, en cette fin des années 30, l'Amérique était déjà prête à croire aux Martiens. Mais ce n'était pas du cinéma...

Les extraterrestres agressifs

C'est cependant vers 1950 que tout se déclenche. Pendant la guerre, l'Amérique est atteinte de la psychose de la « Cinquième Colonne ». Très officiellement, le FBI traque les agents, tant nazis que communistes, infiltrés dans le pays pour mener un travail de sabotage de l'intérieur. En 1947, la psychose continue mais sous une autre forme : les soucoupes volantes font la une des journaux. La paix est signée, mais la peur d'une invasion insidieuse et la frénésie antirouge reprennent de plus belle. La guerre froide, tant économique que politique, s'installe entre les deux grandes puissances. Et, en 1950, la guerre de Corée concrétise un conflit latent entre deux idéologies incompatibles. L'Amérique s'adonne bientôt à la chasse aux sorcières. Sous la férule d'un certain sénateur McCarthy, elle traque tous ceux qui pourraient avoir des sympathies... rouges ! Le climat social et politique est donc particulièrement propice aux histoires de Martiens : ces envahisseurs venus de la planète... rouge !

En 1951, *The Man from Planet X*, réalisé par Edgar G. Ulmer, est le premier à atterrir. Il se présente comme amical et coopératif mais n'est, en fait, que l'éclaireur chargé de préparer l'invasion des habitants de cette.. planète X qui se dirige dangereusement vers notre petit globe ! Il sera suivi par beaucoup d'autres...

Adapté d'une nouvelle très musclée de John W. Campbell, *La Chose d'un autre monde*, réalisé en 1951 par Christian Nyby, raconte l'intrusion d'un être venu d'ailleurs... végétal mais se nourrissant de sang (animal ou humain, il ne fait pas la différence !). Dans ce film, supervisé par Howard Hawks (il en aurait même tourné les scènes principales), on trouve déjà tous les ingrédients des films du genre qui suivront.

Les scientifiques et les militaires d'une base polaire (lieu stratégique de défense s'il

Les Martiens attaquent (*La Guerre des mondes* - 1953).

en est... l'Alaska touche presque l'URSS) récupèrent, près d'une soucoupe écrasée dans les glaces, une créature à forme humaine qui se décongèle accidentellement et se met à attaquer les humains. Les militaires s'organisent pour repousser l'attaque pendant que les savants, animés d'un idéalisme inconscient, deviennent complices de l'agresseur, en lui permettant même de se reproduire. Dans cette base transformée en labyrinthe de la mort par un Minotaure extraterrestre, il y a d'autres personnages secondaires indispensables – la jeune

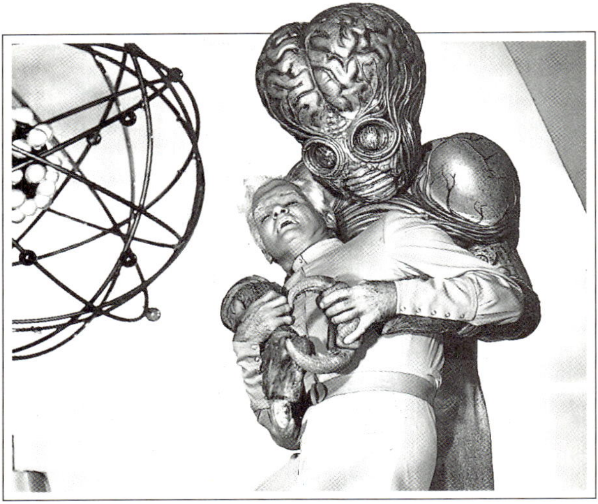

Les Survivants de l'infini (Joseph Newman - 1955).

assistante qui hurle de terreur au bon moment et donne au héros, viril et amoureux, le courage d'affronter l'agresseur; mais aussi les braves petits gars qui s'organisent en milice face au monstre; et surtout le personnage qui, juste avant le mot « fin » et d'un air sentencieux, tire la morale de l'incident. Ici, c'est un journaliste qui annonce aux habitants de la Terre, médusés devant leur poste de TSF, que « cette fois nous avons pu sortir vainqueurs... mais il ne faut pas quitter le ciel des yeux. C'est de là que vient le danger » !

Le Jour où la Terre s'arrêta joue beaucoup moins sur la terreur et se veut plus humaniste. Klatoo l'extraterrestre est venu mettre les hommes en garde contre leurs expériences atomiques qui mettent en péril tout l'univers. Dans un système galactique harmonieusement organisé, la Terre est l'exception, la brebis galeuse. Lorsqu'il atterrit en soucoupe volante au cœur de Washington, avec son impressionnant robot, les Américains ne sont pas tout à fait prêts à l'accueillir amicalement. Après s'être glissé dans la foule pour mieux étudier l'homme et échapper à une implacable chasse à l'extraterrestre, Klatoo lance de nouveau son avertissement, avant de faire décoller sa soucoupe vers l'infini : « Les gens des autres planètes n'ont pas l'intention d'intervenir dans vos affaires. J'étais venu en messager de paix. Vous ne m'avez pas compris. Je

Invasion of the Saucermen (E.L. Lahn - 1957). Inédit en France.

retourne vers mon peuple en vous disant que, si vous aggravez, par de nouvelles expériences atomiques, le danger qui pèse sur l'univers, nous n'hésiterons pas à détruire la Terre. » *Sic*... Wise, cinéaste courageux qui n'hésita pas à prendre position sur des sujets aussi épineux que l'abolition de la peine de mort ou la lutte contre le totalitarisme, envoie allégrement deux bonnes claques en travers de la bonne conscience de l'Américain moyen... tout en respectant les règles du film d'aventures et du mélo sentimental.

« Soucoupe moralisante »

Désormais, la meute des extraterrestres des années 50 va se diviser en deux bastions : les méchants colonisateurs et les bons qui ont atterri sur notre planète accidentellement. Dans le premier camp, ils sont nombreux. *Les Envahisseurs de la planète rouge*, de William Cameron Menzies, en 1953, ou *L'Invasion des profanateurs de sépultures*, de Don Siegel, en 1956, remplis de créatures qui volent l'enveloppe charnelle des humains. Dans *The Blob (Danger planétaire)*, d'Irwin S. Yeaworth, en 1958, l'envahisseur est du genre visqueux et carnivore. Dans *La Guerre des mondes* que Byron Haskin réalise en 1953, les Martiens sont tout aussi visqueux. Verts, un grand œil au milieu de la tête et des ventouses au bout des doigts, ils tirent sur tout ce qui bouge mais ne résistent pas aux bactéries dont notre air est infesté... « ce que Dieu, dans sa grande sagesse, a créé de plus infime sur cette Terre ! » comme le précisent les derniers mots du film. D'autres extraterrestres ressemblent à des calmars géants et rampants (*It Conquered the World*,

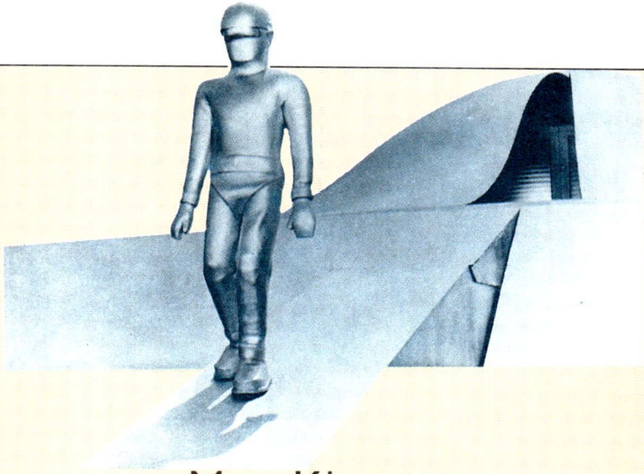

Mr. Klatoo

Dans le bataillon des robots extraterrestres atterrissant sur la Terre, Gort le colosse d'acier du *Jour où la Terre s'arrêta,* de Robert Wise, occupe une place à part. Il est là pour protéger son maître et se plante devant sa soucoupe volante comme un vigile immobile, immuable et indestructible. Mais il n'est pas agressif pour un sou ! Il ne se sert de son rayon laser que pour calmer les militaires terriens un peu trop nerveux de la gâchette. Gort est le « gentil » fidèle serviteur d'un tout aussi « gentil » extraterrestre

Le robot utilisé pour *Le jour où la Terre s'arrêta* mesure 3,60 m et a été construit autour d'un certain Lock Martin, portier au fameux Chinese Theatre d'Hollywood et occasionnellement acteur, qui mesurait plus de deux mètres.

La créature se meurt, la créature est morte *(Les Survivants de l'infini).*

de Roger Corman, en 1956), à de gigantesques monstres mi-gargouilles, mi-tyrannosaures (*À des millions de kilomètres de la Terre*, de Nathan Juran, en 1957) ou à des choux de Bruxelles (*Invasion of the Saucer Men*, d'Edward L. Cahn, en 1957).

Du côté des gentils E.T, ils sont nettement moins nombreux. Il y a les visiteurs du *Météore de la nuit*, de Jack Arnold, en 1953, qui ne nous empruntent nos corps que pour réparer leur engin spatial accidenté. Mais les plus connus restent les Métaluniens des *Survivants de l'infini*, de Joseph Newman, en 1955, qui viennent chercher du secours auprès des Terriens. Car ils subissent les attaques destructrices de leurs voisins de la planète Zahgon. Alors que la surface de Métaluna, dévastée par les bombardements constants, ressemble à un volcan en éruption, ils tentent de survivre en sous-sol dans la mégalopole futuriste style Art moderne...

En 1959, les Martiens sont devenus moins méchants et... moins inquiétants. Les *Teenagers from Outer Space*, de Tom Graef, en 1959, veulent dominer la planète à coups de pistolet à rayons X mais l'un d'eux s'éprend d'une jeune Terrienne rock'n'rolleuse. La même année, en 1959, le *Cosmic Man*, mis en scène par Herbert Green et interprété par le vétéran John

L'Invasion des profanateurs de sépultures (Don Siegel -1956).

Carradine, nous rend visite pour plaider une meilleure compréhension entre les peuples de l'univers et soigner un gamin paralysé. Mais, au seuil des années 60, les mentalités ont évolué. Le rouge ne fait plus aussi peur. Et Jerry Lewis avec sa comédie *Mince de planète*, en 1960, mettra un point final – ou presque – aux visites d'extraterrestres... par le rire. Le Martien Jerry fait tant de bêtises sur la Terre

Robby le robot

Plus affable et serviable que lui, on craque ! Au box-office de la popularité « mécanique », il chevauche en tête avec les R2D2 et C3P0 de *La Guerre des étoiles.* Dans *Planète interdite* de Fred McLeod Wilcox, Robby fait et fabrique tout ce que vous lui demandez, y compris du whisky ! « Si vous ne parlez pas anglais, je suis à votre disposition pour utiliser 187 autres langues, dialectes et sous-langages », précise-t-il. Il a fallu plus de deux mois pour installer tout le circuit électrique de Robby, car sa tête en forme d'aquarium est remplie de tout un système de petites lumières et autres gadgets lumineusement complexes. Un comédien était sans doute à l'intérieur du corps. Mais le secret fut bien gardé. Lors de la sortie française du film, Robby eut le privilège d'être interviewé par la célèbre France Roche.

qu'il est obligé de fuir en sautant dans sa soucoupe volante !

Il revient bien sûr moins cher de faire venir les extraterrestres sur la Terre que d'aller les filmer chez eux... Peu de films des années 50 eurent les moyens d'être d'authentiques « space operas », dans un cinéma de science-fiction dont les effets spéciaux visuels, encore artisanaux et balbutiants, coûtaient une fortune. Si Joseph Newman ne situa qu'une toute petite partie de son film, *Les Survivants de l'infini*, sur une planète Métaluna au bord de l'apocalypse, Fred McLeod Wilcox, en 1956, réalisa le premier « space opera » se passant entièrement sur une autre planète : *Planète interdite.* Autre grande première, son film fut le premier film de science-fiction en couleurs et en cinémascope. La fameuse Metro Goldwyn Mayer consacra au film un budget considérable. Dans ses studios, de gigantesques décors furent construits : la planète Altaïr 4 et la partie basse du croiseur sidéral qui s'y pose, la demeure du Dr Morbius, la citadelle souterraine Krell (qui, indéniablement, inspirera quelques décors intérieurs de l'Étoile noire dans *La Guerre des étoiles !)*, etc. Mais les « matte paintings » (les peintures sur verre placées en

trompe-l'œil devant la caméra) et les maquettes miniatures furent abondamment utilisées aussi ! Il y eut même un monstre quasi invisible animé par les studios Disney ! Dans cette adaptation futuriste de *La Tempête* de Shakespeare, une expédition de secours terrienne vient chercher sur la planète Altaïr les survivants d'un vaisseau spatial en panne et découvre que tous ont été décimés par une entité inconnue... sauf le Dr Morbius et sa fille Altaïra. Si la jeune fille et son robot domestique, Robby, sont très accueillants, il n'en est pas de même de Morbius qui explore les vestiges d'une ancienne civilisation Krell... jusqu'à en être victime !

C'est le moment que choisissent deux cinémas très influencés par le modèle américain pour prendre la relève : le Japon et l'Angleterre. Au Japon où Godzilla est déjà superstar, le maître du genre, Inoshiro Honda, réalise en 1958 *Prisonnières des Martiens* où les habitants de la planète Mystéroid établissent une base sur la Lune et, à grand renfort de robots géants et de rayons de la mort, attaquent la Terre... parce qu'ils ont besoin de jeune chair féminine. Dès lors, les extraterrestres vont régulièrement rencontrer Godzilla et ses petits frères dans toute une série de films de science-fiction comme cet *Invasion planète X* en 1966, encore réalisé par Inoshiro Honda.

Godzilla contre Quatermass

En Angleterre aussi, le mythe de l'extraterrestre agressif trouve son originalité. Tout commence à la télévision lorsque Kigel Kneale enchaîne littéralement le pays entier devant son poste de TV, en 1954, avec un feuilleton de SF en six épisodes :

The Quatermass Experiment. Val Guest l'adapte au cinéma l'année suivante sous le titre *Le Monstre* : Bernard Quatermass, un scientifique aux méthodes très expéditives, retrouve la fusée qu'il a lancée écrasée dans la campagne anglaise. Deux cosmonautes ont disparu, et le troisième est contaminé par une entité extraterrestre qui le fait lentement se métamorphoser en poulpe gigantesque. La seconde aventure du Pr Quatermass sera d'abord présentée à la BBC-TV en 1955, puis adaptée par Val Guest pour le cinéma sous le titre *La Marque.* Cette fois, des

envahisseurs « gazeux » s'échappent de petites coquilles pour prendre possession des humains. La troisième mission télévisée de Quatermass pour sauver le monde date de 1958 et s'intitule *Quatermass and the Pit.* Elle raconte comment des Martiens visitèrent la Terre, voilà plusieurs milliers d'années, et créèrent un vivier : la race humaine. Aujourd'hui, les Martiens reviennent faire leur marché... En 1967, Roy Ward Baker adapte l'histoire pour le grand écran dans le très beau film *Les Monstres de l'espace.* Le quatrième et dernier volet des aventures du Pr Quatermass est tourné en 1979, à la fois pour le cinéma et la télévision, sous le titre *The Quatermass Conclusion.* Les extraterrestres misent cette fois sur le conditionnement collectif pour dominer la planète. Mais ils ne parviennent pas plus à leurs fins !

Outre sa superstar Quatermass, le cinéma britannique s'est offert aussi deux jolies adaptations d'œuvres d'un auteur de SF

La chose surgit des ténèbres (Nathan Juran - 1957).

national, John Wyndham : *Le Village des damnés*, de Wolf Rilla, en 1960, où les femmes d'une petite communauté, inséminées par des extraterrestres, donnent naissance à une race d'enfants blonds, télépathes géniaux et... malfaisants ! et *Le Jour des Triffids*, de Steve Sekely, en 1963, où des plantes venues de l'espace, mobiles et armées de tentacules empoisonnés, déciment une race humaine devenue aveugle à cause d'une pluie de météorites.

L'Homme qui rétrécit (Jack Arnold - 1957).

Les 80.000 victimes d'Hiroshima et de Nagasaki, en août 1945, émurent et terrifièrent le monde, y compris l'Amérique. Après quelques films (américains !) qui évoquèrent le drame de conscience des équipages qui lâchèrent les bombes et après quelques films japonais qui évoquèrent avec une grande dignité le drame des victimes, ce fut le cinéma de science-fiction qui prit le relais.

Un démon nommé atome

La bombe était une réalité. Elle devenait une obsession après l'explosion, en 1950, de la première bombe à hydrogène sur l'atoll Bikini. Dès lors, la bombe se posa au-dessus de la tête des spectateurs de cinéma comme une épée de Damoclès, une menace qui pouvait les envoyer dans le néant à tout moment. Chaque bombe que l'on expérimentait dans un coin reculé du monde réveillait à coup sûr un monstre gigantesque ou transformait génétiquement un insecte en lui donnant la taille d'un dinosaure. Ces « grosses bébêtes » atomisées avaient toutes vu *King Kong* et arrivaient dans la ville humaine pour tout détruire et tuer le maximum d'humains : les fourmis géantes *(Them [Les Monstres attaquent la ville]*, de Gordon Douglas, en 1954), la méga-araignée (*Tarentula*, de Jack Arnold, en 1955) ou encore un scorpion de très grande taille (*Le Scorpion noir*, d'Edward Ludwig, en 1957).

L'homme, pour sa part, ne fut pas épargné par l'atome. Celui de *L'Homme qui rétrécit*, de Jack Arnold, en 1957, est passé à travers un nuage radioactif avant de se réduire lentement mais sûrement à la taille de... l'atome !... Celui du *Fantastique homme colosse*, de Bert I. Gordon, en 1957, se retrouvait en pleine explosion atomique et n'en finissait pas de grandir et de se livrer à ses pulsions meurtrières.

Le film le plus intéressant de cette période

Le Météore de la nuit (Jack Arnold - 1953).

de monstres atomisés n'est pas américain mais... japonais. La peur atomique – et le modèle américain ? – va engendrer une superstar du cinéma de SF nippon : *Godzilla.* En 1955, Inoshiro Honda réalise le premier d'une longue série de films. Godzilla, sorte de dragon préhistorique crachant le feu et capable de faire fondre le métal, est réveillé par des expériences atomiques et dévaste Tokyo, alors que l'armée est incapable de l'arrêter. L'année suivante, Inoshiro Honda réalise une suite et les monstres se multiplieront. Mais Godzilla gardera une place à part dans le cœur du public. Très vite, il deviendra le défenseur des humains contre les autres monstres !

Au cinéma, il est difficile de concevoir un film où tous les humains auraient été détruits. Dramatiquement, un tel scénario poserait quelques problèmes. Les nouveaux Adam et Ève seront donc toujours les bienvenus. Dans un monde dévasté et retourné à la sauvagerie, les survivants de l'holocauste nucléaire auront à lutter contre des mutants hideux, comme dans *The Day the World Ended*, de Roger Corman, en 1956. Mais lorsque la planète est complètement « nettoyée » de toute autre présence humaine, ce sont les conflits psychologiques et amoureux qui prennent le dessus. Deux Adam pour une Ève posent toujours des problèmes dans des civilisations monogames. Et pour peu qu'il y ait un Noir parmi les deux mâles

Le Monde, la Chair et le Diable de Ranald MacDougall.

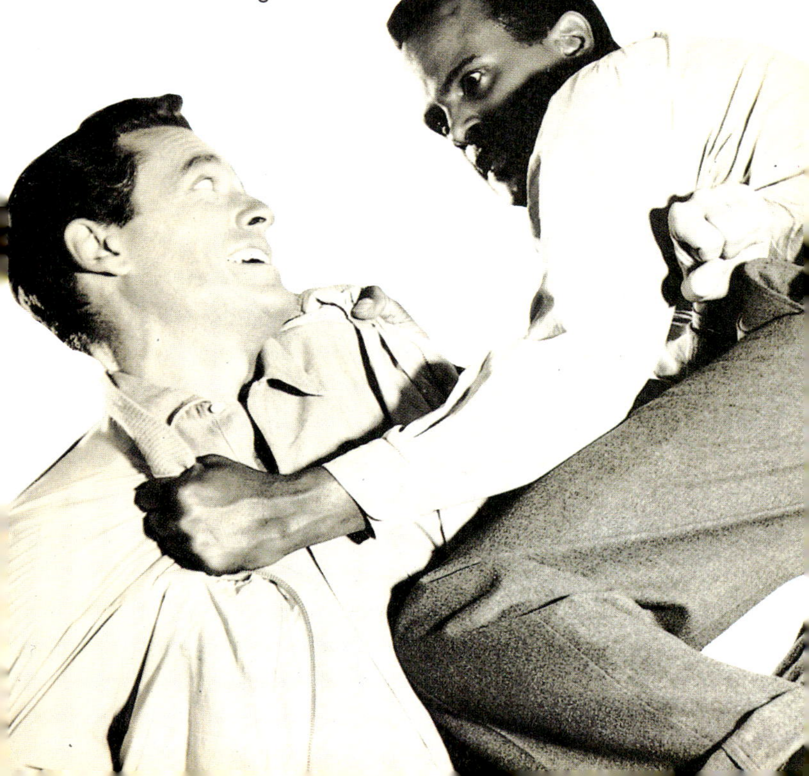

survivants, le racisme renaît immédiatement. Ces deux thèmes humanistes étaient au centre de films comme *Le Monde, la Chair et le Diable*, de Ranald MacDougall, en 1959, ou *Cinq survivants*, d'Arch Oboler, en 1950. Ce monde d'après la bombe n'est pas sans utiliser les tendances à l'autojustice et au « struggle for life » de certains Américains. Et lorsque, sous prétexte d'apocalypse, certains survivants ne connaissent plus aucune loi, il n'est pas difficile de tirer dans le tas pour protéger sa famille. Ainsi Ray Milland a mis en scène et interprété, en 1962, un père pacifique tournant au tueur implacable parce que tous les survivants du cataclysme nucléaire semblaient saisis par l'idée fixe de violer sa femme et sa fille. *Panique année zéro* n'était pas un summum de tolérance...

En 1959, *Le Dernier Rivage*, adapté par Stanley Kramer d'un best-seller de Nevil Shute, se situe aussi après l'explosion de la bombe. Toute la planète a été renvoyée dans le néant. Seule l'Australie reste intacte, mais des nuages radioactifs – contre lesquels on ne peut plus rien ! – se dirigent vers le cinquième continent et condamnent sa population à la plus douloureuse des morts. Kramer regarde les gens vivre ces derniers moments et choisir leur mode de survie temporaire ou leur suicide. Bien que très lent et très peu spectaculaire, *Le Dernier Rivage* est un film prenant et l'on approuve le cynisme du savant interprété par Fred Astaire lorsqu'il commente avec ironie : « Qui a jamais cru que nous pourrions maintenir la paix en organisant notre défense avec des armes que toute utilisation rend suicidaires ! »

Gregory Peck dans *Le Dernier Rivage* (Stanley Kramer - 1959).

ANNÉES 60 EN ATTENDANT *2001*

Dans l'Amérique des années 60, le cinéma de science-fiction s'essouffla sérieusement. Seuls, quelques « divertissements » bon chic-bon genre furent offerts à un public pas spécialement friand du genre : De la Terre à la Lune, *de Byron Haskin, en 1958 (Jules Verne + comédie),* Robinson Crusoé sur Mars, *du même Haskin, en 1963 (Daniel Defoe + aventures), ou encore* Les Premiers Hommes dans la Lune, *de Nathan Juran, en 1963 (H.G. Wells + comédie)... Mais il y eut surtout, en 1960,* La Machine à explorer le temps, *presque fidèlement adapté du roman de Wells.*

Dans ce film de George Pal (qui obtint l'Oscar des effets spéciaux), le héros (... Wells sans doute) vit en 1900 et fait des essais de voyages dans un proche avenir. De sa machine, il voit son quartier évoluer puis les deux guerres mondiales surgir. Le scénariste – qui écrivit cette adaptation en 1959 – n'a pas grand mérite puisque les événements se sont déjà produits. Mais il annonce (encore !) un holocauste nucléaire avant de faire foncer la machine wellsienne et son passager vers l'année 802701 ! Sacré bond en avant ! La machine s'immobilise dans un nouvel Éden où de blonds humains aux facultés cérébrales très atrophiées vivent une existence heureuse et végétative. Mais ces Élois ne sont qu'un troupeau destiné à devenir la nourriture des ignobles Morlocks qui vivent sous terre. Avec l'aide de Wells, les choses vont changer, et l'humanité de 802701 aura enfin un avenir !

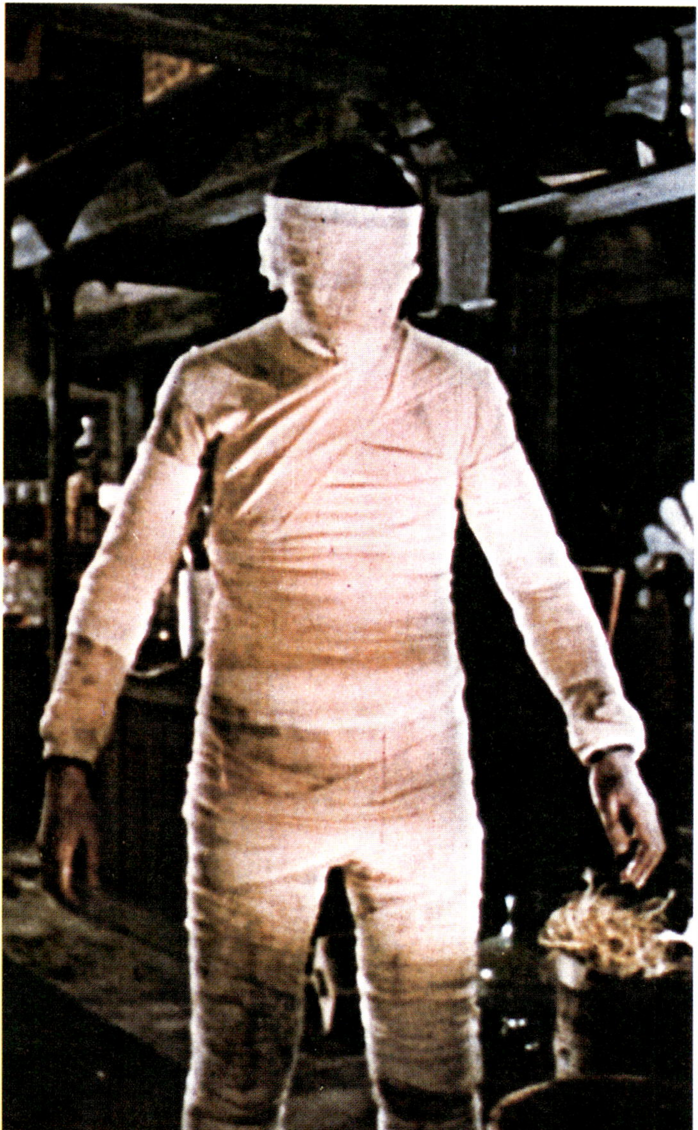

À la fin des années 50, le baron Frankenstein et sa créature – qu'on croyait relégués dans un musée Grévin de la science-fiction et de l'épouvante gothique – revinrent dans les productions anglaises de la fameuse firme Hammer.

Côté monstres fous, la réalité de la Seconde Guerre mondiale avait dépassé la fiction et il semblait difficile de faire mieux – ou plus horrible ! – que Hitler et ses médecins de la mort... Pourtant, en 1957, l'Anglais Terence Fisher – qui venait de donner un sang neuf au mythe du comte vampire dans *Le Cauchemar de Dracula* – opéra le même miracle sur la pauvre créature imaginée par Mary Shelley. Fisher et son scénariste Jimmy Sangster mirent un point final à toute une tradition du film de monstre. Le héros de leur *Frankenstein s'est échappé* était le baron, interprété par Peter Cushing. Dans un Technicolor savamment utilisé, Fisher racontait l'histoire d'un savant en avance sur son époque, d'un Prométhée se heurtant à l'incompréhension de ses contemporains. Même si, dans une Angleterre du XIXe siècle, il évoluait complètement prisonnier du carcan de la morale victorienne, ce Frankenstein-là appartenait bien aux années 60 et exprimait les espoirs dans une science qui ne demande qu'à être libérée. Dans le second film de la série, *La Revanche de Frankenstein*, réalisé lui a refusé : un corps harmonieux. Seuls, ses concitoyens créaient le monstre en voulant « lyncher » ce qu'ils ne comprenaient pas. Dans le film suivant, *Frankenstein créa la femme*, en 1967, l'érotisme discret pointait

La Hammer entre en lice
(Frankenstein s'est échappé - Terence Fisher - 1957).

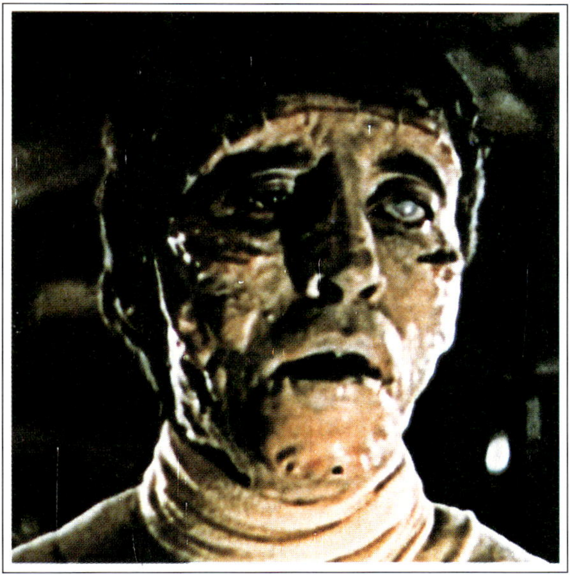

son nez mais le brave baron restait toujours le chercheur intrépide et généreux du premier film de la série. Ensuite, succès oblige et message lancé, Frankenstein se révéla de plus en plus monomaniaque. Dans *Le Retour de Frankenstein*, en 1969, puis dans le tardif *Frankenstein et le monstre de l'enfer*, en 1973, Terence Fisher fit de son héros « positif » un fanatique aux tendances criminelles et aux refoulements évidents. En ce début des années 70, période de prise de conscience de la violence sociale, de refus de la guerre du Viêt-nam et de début de contestation politique, l'Occident se réveillait d'une période de béate inconscience qui s'était achevée avec l'assassinat de Kennedy. En multipliant les détails chirurgicaux réalistes et les agressions cruelles, Fisher répercutait lui aussi, dans ces petits psychodrames apparemment intemporels que sont ces films de *Frankenstein*, les grands changements de mentalité de l'époque. Encore une preuve, si besoin en était, que le cinéma est un art à l'écoute !

En 1964, deux films sur le même sujet sortent sur les écrans. L'un est américain : *Point limite*, de Sidney Lumet, présente un président des États-Unis, interprété par Henry Fonda, incapable de rappeler ses bombardiers du Strategic Air Command à la suite d'une défaillance technique. L'autre est anglais et signé Stanley Kubrick : *Dr Folamour ou Comment j'ai appris à ne plus m'en faire et à aimer la guerre*, où le même président des États-Unis, interprété (parmi d'autres rôles) par Peter Sellers, se trouve confronté au même problème parce que le commandant d'une de ses bases militaires, qui seul connaît le code secret pour rappeler ses bombardiers atomiques B52, est devenu complètement paranoïaque vis-à-vis des

communistes. Bien sûr, dans l'un et l'autre films, la cible est soviétique. Et, sortant d'une période de guerre froide, l'URSS n'est pas d'humeur à faire confiance à l'humanisme culpabilisé des Américains. Dès que les bombes exploseront, la réplique sera immédiate. Dans *Point limite*, le président Fonda parviendra à sauver la planète en sacrifiant New York et sa famille en preuve de bonne volonté. Mais, dans *Dr Folamour*, les Russes se sont protégés contre les faiblesses humaines en programmant leur réplique à l'agression atomique... sans intervention humaine. La fin du monde est alors inéluctable.

Tandis que Stanley Kubrick et son

Point limite (Sidney Lumet - 1964 - avec Henry Fonda).

Dr Folamour ont choisi un ton humoristique d'absurdité réaliste, Sidney Lumet et son *Point limite* ont opté pour une dramatisation assez théâtrale et émotionnellement très efficace. Au moment de leurs sorties quasi simultanées, *Dr Folamour* connut un grand succès critique et public. Et *Point limite* passa inaperçu. Pourtant, aujourd'hui, sans que cela enlève rien à l'originalité du film de Kubrick, c'est *Point limite*, avec son réalisme implacable, qui a le mieux vieilli. Sachant que le lancement de leurs bombes leur sera fatal, les deux pilotes de l'avion américain commentent la situation avec un pessimisme lucide : « Nous sauterons avec... D'ailleurs, il n'y aura plus rien vers quoi revenir. »

La bombe et la rigolade ! (*Dr Folamour* - Stanley Kubrick - 1964).

En cette année 1964, ces deux films remarquables expriment l'inquiétude engendrée par cette course aux armements des deux grands blocs de ce monde qui peut déboucher sur une guerre nucléaire.

En 1968, la très intelligente adaptation du roman de Pierre Boulle *La Planète des singes* réserva au moins deux surprises aux spectateurs. D'abord le spectacle de cette planète où les singes étaient les maîtres intelligents et chassaient un bétail humain réduit à l'état sauvage et animal. Ensuite, le plan final où le cosmonaute terrien, interprété par Charlton Heston, s'échappe de la cité des singes pour s'aventurer dans la zone interdite et y découvrir la statue de la Liberté en ruine et ensevelie. La fusée a fait un saut de deux millénaires dans le temps et la race humaine a succombé à une guerre atomique. « Ce monde de cauchemar, c'est la Terre. Les criminels ! Ils les ont fait sauter, leurs bombes ! Les fous ! Je vous hais ! Soyez maudits jusqu'à la fin des siècles ! » C'est sur ces mots, hurlés par le cosmonaute Charlton Heston dans sa fureur désespérée que s'achève le premier film et que commence le cycle.

Après la bombe
(La Planète des singes - Franklin J. Schaffner - 1968).

En 1970, un autre voyageur de l'espace-temps, venu secourir Heston, découvrira *Le Secret de la planète des singes* : un reste de civilisation humaine complètement dégénérée et irradiée, adorant une bombe atomique qui n'a pas explosé. Après cet exercice de style sur thème de

LA PLANÈTE DES SINGES

Le responsable des maquillages et de ces masques moitié simiesques, moitié humains de *La Planète des singes* est le vétéran John Chambers à qui l'on doit, entre autres, les oreilles de Mr. Spock, dans *Star Trek.* Au début, six heures étaient nécessaires pour appliquer ces maquillages. Après un entraînement intensif, les maquilleurs réalisèrent le visage de Zira, Cornelius ou Zaius en moitié moins de temps.

pessimisme post-nucléaire, la série continua avec *Les Évadés de la planète des singes*, de Don Taylor, en 1971, puis *La Conquête de la planète des singes*, de J. Lee Thompson, en 1972, et enfin *La Bataille de la planète des singes*, de J. Lee Thompson, en 1974, qui boucle définitivement un cycle de plus en plus exsangue – où même les extraordinaires maquillages qui valurent un Oscar à John Chambers ont perdu leur attrait.

Un beau soir de juillet 1969, l'homme a mis le pied sur la Lune... Mais le cinéma de science-fiction s'en était déjà allé vers des ailleurs galactiques beaucoup plus lointains et beaucoup plus délirants.

La conquête de l'espace était un thème dans l'air du temps. Et quelques cinéastes abordèrent le sujet avec une rigueur quasi documentaire.

En 1968, Robert Altman raconte la vie et l'entraînement d'astronautes américains dans *Countdown.* John Sturges, l'année suivante, imagine, dans *Les Naufragés de l'espace*, trois des mêmes astronautes coincés dans leur capsule, avec des réserves d'oxygène diminuant de minute en minute. Le responsable du lancement, interprété par un Gregory Peck aussi peu souriant qu'à l'accoutumée, parvient à lancer une fusée de secours. Mais quand elle arrive, les Soviétiques sont déjà sur place pour aider les trois malheureux. Enfin la coexistence pacifique ! ! !

Mais ces deux fictions documentaires à prétention réaliste ont fait long feu face à Stanley Kubrick et son *2001, l'odyssée de l'espace* qui, en cette année 1968, entraîna le spectateur au-delà de Jupiter dans une fabuleuse quête métaphysique de ses origines.

2001, l'Odyssée de l'espace (1968).

2001, l'odyssée de l'espace de Stanley Kubrick.

Même si Kubrick œuvrait dans le subjectif et le poétique pour son opéra de l'espace, il voulait que son film vieillît comme de la « science-vérité ». Pour cela, il fit appel aux concepteurs de la NASA, d'IBM et à quelques autres grands de l'astronautique, de l'informatique et des technologies avancées. Son film coûta presque un milliard de dollars mais offrit les plus beaux effets spéciaux jamais réalisés. Les vaisseaux glissaient dans la pénombre étoilée des espaces intergalactiques et tournaient autour de relais orbitaux au rythme magique des valses de Strauss... Kubrick non seulement donna définitivement ses lettres de noblesse à la science-fiction, considérée jusqu'alors comme un genre cinématographique mineur pour public populaire, mais il lui ouvrit en grand les portes de l'inconnu, de l'infiniment grand, de l'imaginaire... et des budgets importants qui permettent des effets spéciaux honorables. *2001, l'odyssée de l'espace* est autre chose qu'un simple voyage au-delà de Jupiter. C'est une fresque du futur abordant des aspects aussi métaphysiques que l'origine de l'homme ou aussi physiques que le pouvoir des ordinateurs. Dans le cinéma de science-fiction, il y a avant *2001* et... après !

Cette superproduction, qui nécessita onze

LE DISCOVERY de *2001, L'ODYSSEE DE L'ESPACE*

Pour créer la salle centrifuge où les deux astronautes vivent dans une pesanteur artificielle, Kubrick demanda à la firme Vickers Armstrong Engineering Group de lui construire, pour 750 000 dollars, une vraie chambre centrifuge, de treize mètres de diamètre, qui tournait sur son axe à une vitesse maximale de quatre kilomètres et demi à l'heure. Pour diriger Keir Dullea et Gary Lockwood qui étaient à l'intérieur, Kubrick fit installer un circuit fermé de télévision, car il ne pouvait entrer dans le décor.

millions de dollars, quatre ans de travail et 205 plans avec effets spéciaux, est à la fois un fabuleux spectacle et... un authentique film d'auteur. Kubrick qualifie son *2001, l'odyssée de l'espace* de « documentaire en quatre parties ». De « l'aube de l'humanité » vers l'infini, le scénario cosigné Arthur C. Clarke et Kubrick pose, sans y répondre vraiment, quelques questions essentielles. Qui sont ces entités extraterrestres présentes à chaque grande étape de l'évolution humaine et quel avenir réservent-elles à ce fœtus astral flottant dans l'espace à proximité de la Terre ?

Au centre de *2001, l'odyssée de l'espace,* Kubrick a placé un extraordinaire suspense : un duel pour le pouvoir entre l'homme et l'ordinateur. Dans le vaisseau *Discovery,* l'hyperperfectionné et hyperintelligent Hall 9000 commande à toutes les parties purement mécaniques et est programmé pour mener à bien la mission vers Jupiter. Apparemment, les astronautes David Bowman

2001 : photo de plateau.

et Frank Poole sont là en qualité de simples ouvriers d'entretien. Mais, ayant le privilège du créateur sur la machine, ils peuvent intervenir en décision finale et déconnecter l'ordinateur. Et ça, le trop humain (le trop construit sur le modèle humain...) Hall 9000 ne le supporte pas ! Pour garder le pouvoir, il est prêt à éliminer l'homme. Ce face-à-face passionnant marque l'arrivée officielle de l'ordinateur dans le cinéma de science-fiction... Un nouveau grand thème est né, annonçant cette véritable invasion informatique à laquelle nous assistons actuellement.

La valse des ordinateurs

En 1970, inspiré par un roman de D.F. Jones, *Le Cerveau d'acier*, réalisé par Joseph Sargent, montrait comment Colossus, ordinateur autonome, responsable de la Défense américaine, imposait, avec son jumeau soviétique, une paix très dictatoriale et très inhumaine à la planète. John Badham, en 1983, enfourcha de nouveau ce vieux spectre de l'ordinateur omnipotent capable de déclencher un conflit mondial avec *War Games*... ou un jeune génie de l'ordinateur provoque un envoi de missiles sur l'Union soviétique, après s'être inflitré au moyen de son petit computer domestique dans le grand ordinateur central de l'armée. Celui de *Génération Protéus*, de Donald Cammel, en 1976, s'est fabriqué des bras et un... sexe. L'entité qui a pris vie au cœur d'un ordinateur central s'est glissée, au moyen d'un terminal, dans la demeure – véritable paradis informatisé – d'une brave Américaine pour lui faire un nouveau messie ! C'est aussi un ordinateur qui dirige la ville futuriste et

L'Age de cristal
(Michael Anderson - 1976).

souterraine de *L'Âge de cristal (Logan's Run)*, réalisé par Michael Anderson en 1976, et décide que toute personne de plus de trente ans sera euthanasiée dans un très spectaculaire « Carrousel ». De *THX 1138*, de George Lucas, à *Superman III*, réalisé par Richard Lester en 1984, les ordinateurs « méchants » se sont multipliés. Même la firme Disney, dans le très spectaculaire *Tron* de Steven Lisberger, démontre que l'odieuse machine est capable d'emprisonner un homme dans ses circuits et de lui faire subir le plus implacable des combats pour la survie.

L'ordinateur n'a pas bonne presse au cinéma. Quand il pousse ses raisonnements logiques jusqu'au bout de sa programmation (c'est-à-dire jusqu'à l'absurde !) ou lorsqu'il se met à penser (c'est-à-dire à avoir son autonomie), l'ordinateur fait peur... même si, par ailleurs, il est synonyme de progrès et de mieux-vivre.

Au cinéma, le pessimisme est plus spectaculaire. Et rares sont les gentils ordinateurs de comédie comme le très romantique Edgar, ordinateur aux circuits améliorés par le champagne dans *Electric Games* de Steven Baron en 1984, qui tombe amoureux de la petite amie de son propriétaire.

Pourtant, contrairement aux autres grands succès de la SF, *2001* ne va pas être immédiatement copié et imité. Peut-être à cause de son originalité, sûrement à cause du coût de revient et de la complexité de ses effets visuels. Ce sera Douglas Trumbull, le responsable des effets spéciaux de *2001*, qui aura le premier le courage de s'aventurer de nouveau aussi loin. Son *Silent Running*, très imprégné des mentalités écologistes en vogue en 1972, évoque un XXIe siècle où toute végétation aurait disparu de la Terre et ne subsisterait que dans les trois dômes d'un immense vaisseau spatial, le *Valley Forge*. Incapable d'obéir à l'ordre de détruire ces derniers jardins et de revenir vers la Terre, un botaniste tue ses trois compagnons de voyage et, en compagnie de deux robots, continue sa course, lente et désespérée, vers la survie des plantes. Le sujet, aussi généreux que naïf, doit beaucoup à la maestria de Douglas Trumbull dans le domaine de l'animation des maquettes !

Les Oscars des effets spéciaux récompensant les films de science-fiction

1950. *Destination Lune* (Irving Pichel)
1951. *Le Choc des mondes* (Rudolph Mate)
1953. *La Guerre des Mondes* (Byron Haskin)
1954. *20.000 lieues sous les mers* (Richard Fleisher)
1960. *La Machine à explorer le temps* (George Pal)
1966. Le Voyage fantastique (Richard Fleischer)
1968. *2001, l'odyssée de l'espace* (Stanley Kubrick)
1969. *Les Naufragés de l'espace* (John Sturges)

ANNÉES 70
LES ÉTOILES
« SUPERSTARS »

*M**ême si les superproductions ne se bousculent pas sur les écrans, après le choc* 2001, *le cinéma de science-fiction a enfin quitté son ghetto de cinéma de série B pour être reconnu par les critiques, les professionnels et le public comme un des genres cinématographiques les plus adaptés à l'époque, apportant le frisson, l'émotion et le dépaysement comme... une porte ouverte sur les rêves et les cauchemars les plus fous.*

À la fin des années 60 et au début des années 70, la science-fiction intéresse les cinéastes. En France (mais avec des capitaux et des comédiens anglo-saxons), les deux très français François Truffaut et Roger Vadim s'attaquent à la science-fiction... pour l'exportation internationale et en version anglaise. Roger Vadim, autour de Jane Fonda, son épouse du moment, imagine un bazar chic pour érotisme choc, en adaptant la bande dessinée fantastico-érotique de Jean-Claude Forrest, Barbarella.

François Truffaut, lui, adapte l'écrivain américain Ray Bradbury et imagine, en 1966, une société futuriste de brûleurs de livres et de chasseurs d'intellectuels qui rappelle fort la société nouvelle dont rêvaient les nazis. Fahrenheit 451, *dont les vedettes étaient Julie Christie et Oskar Werner, témoignait de cette peur du lavage de cerveau et de l'absence de libre arbitre, traumatisants pour une civilisation occidentale qui allait s'offrir sa révolution idéaliste et pubertaire de mai 68.*

En 1969, un jeune étudiant en cinéma, tout frais sorti de son université de cinéma, imagine un monde souterrain où l'homme est réduit à l'état de robot par un ordinateur despotique. Ce nouveau réalisateur s'appelait George Lucas. Son film, *THX 1138*, visuellement très beau grâce à une image dévorée de lumière blanche, raconte comment un ouvrier (immatriculé THX 1138) et sa compagne (3417) réduisent leur dose de tranquillisants et retournent lentement à l'indépendance en redécouvrant le désir physique. Considérés comme déviants, ils sont traqués par des robots-flics. Bien que très personnel et étonnant d'intelligence, *THX 1138* ne connut pas le succès mérité. Mais Lucas se rattrapa très vite avec *American Graffiti* et surtout avec la très étonnante saga « Guerre des étoiles ».

T.H.X. 1138 (Georges Lucas - 1969).

Sexe et violence (*Orange mécanique* - Stanley Kubrick - 1971).

En 1971, Stanley Kubrick choisit de faire, avec *Orange mécanique*, une fresque d'anticipation hyperréaliste. Adaptant le roman d'Anthony Burgess, il dépeint une société d'insécurité sillonnée par des bandes de jeunes loubards ne reculant ni devant le meurtre, ni devant le viol. Il conclut que toute violence ne peut être guérie qu'à l'échelon de la société, même si elle peut être supprimée dans l'individu. *Soleil vert*, réalisé par Richard Fleischer en 1973, imagine une autre fin à la civilisation. Dans le New York de 2022, en proie à la famine, les corps des vieillards euthanasiés sont transformés en tablettes de nourriture appelées « soleil vert ».

En 1974, John Boorman imagine, dans *Zardoz*, la Terre en 2293. Sur une planète livrée aux Brutals et aux Exterminators, une élite de scientifiques et d'intellectuels vit dans une zone protégée, le Vortex. Zed l'Exterminator (interprété par Sean

Zardoz (John Boorman - 1973).

Connery) s'y introduit pour découvrir une communauté exsangue, dépravée et même dégénérée.

Dans *Rollerball*, en 1975,. Norman Jewison imagine une planète pacifiée qui défoule ses instincts belliqueux dans des jeux du cirque modernes, sorte de football américain à base de patins à roulettes et de boules d'acier... où tous les coups sont permis.

Dans cette grande sarabande des « avenirs sans futur » où l'homme fait le constat amer de l'impasse dans laquelle il s'est fourvoyé et de la propre fin de sa civilisation, il ne faut pas oublier le *Mondwest* de Michael Crichton, en 1974. Dans un Disneyland pour adultes recréant la Rome antique, l'Angleterre médiévale et le vieil Ouest américain, des poupées électroniques, plus vraies que leurs modèles humains, sont là pour assouvir les pulsions meurtrières et sexuelles des clients. Elles les subissent jusqu'au jour où tout se dérègle et où... les machines décident de faire subir le même traitement aux humains.

Après l'optimiste *Guerre des étoiles*, en 1977, le cinéma de science-fiction va préférer les westerns intergalactiques avec jeunes superhéros positifs rétablissant une société libertaire et paradisiaque... Mais quelques irréductibles vont continuer à filmer noir !

En 1980, John Carpenter transforme

James Caan *(Rollerball* - Norman Jewison - 1974).

New York 1997 en un gigantesque camp de concentration-prison où sont parqués les individus les plus dangereux de la planète. Et c'est justement là que l'avion du président des États-Unis (dont les poches sont bourrées de documents secrets) choisit de se « crasher » !

En 1984, l'Anglais Michael Radford – histoire de ne pas rater le rendez-vous – réalise une adaptation du fameux roman de George Orwell, *1984*... et lui aussi dépeint un monde de répression et de misère morale qu'on ne se souhaiterait pas comme futur proche !

Bien sûr, l'amateur de cinéma de science-fiction avait déjà eu le plaisir du dépaysement grâce aux effets spéciaux dans des films à gros budget tels que *Planète interdite* ou *La Planète des singes*, mais c'étaient de très rares exceptions. Les spécialistes des effets spéciaux comme Willis O'Brien (*King Kong*), Ray Harryhausen (*Les Soucoupes volantes attaquent*), ou John P. Fulton (*L'Homme invisible*), pendant des décennies, ont exercé leur métier en solitaires, comme des artisans de génie. Puis il y a eu *2001, l'odyssée de l'espace*, véritable révolution de 1968 dans le domaine de l'animation. Sur fond étoilé, se déplaçant avec une lenteur hiératique au rythme d'une musique majestueuse, des maquettes de vaisseaux spatiaux conçues sur les conseils de la NASA ont imposé un style, un luxe et un lyrisme jusqu'alors inconnus. Après *2001*, l'à-peu-près et les trucages à l'économie ne pouvaient plus exister ! Mais le coût d'un film comme *2001* était tel que, malgré un bon succès public, il fallut

La Guerre des étoiles (George Lucas - 1977).

attendre 1977 et le triomphe de *La Guerre des étoiles* pour que commence la nouvelle ère des superproductions de science-fiction aux effets spéciaux chaque fois plus époustouflants. Mais les temps avaient déjà changé.

La Guerre des étoiles ouvrit la porte aux films de SF consacrant des dizaines de millions de dollars aux effets spéciaux. *La Guerre des étoiles* coûta moins cher que *Superman*, de Richard Donner, en 1978, qui,

à son tour, coûta moins cher que *Star Trek, le film*, de Robert Wise, la même année... Alors que, depuis des décennies, la science-fiction cinématographique piétinait à cause du manque de confiance des producteurs et autres financiers, c'était soudain la surenchère. L'utilisation de l'ordinateur dans la fabrication des images et des effets visuels devint primordiale. Mais la machine n'est restée qu'un instrument au service d'une équipe d'artistes. Cela permit à de jeunes talents de s'épanouir et de s'imposer dans le domaine des maquettes, des effets optiques, de l'animation, des peintures sur verre et des maquillages. La technique a fait, en très peu d'années, un bond de géant, sous la férule et l'inspiration de maîtres d'œuvre comme George Lucas qui fonda son propre laboratoire d'effets spéciaux, l'ILM (Industrial Light and Magic).

Aujourd'hui, ces « responsables des effets spéciaux visuels et des maquettes » – ainsi qu'ils sont crédités au générique – sont de véritables célébrités et portent les titres de ces nouveaux mégafilms de science-fiction

Star Trek (Robert Wise - 1979).

Star Trek 2 - La Colère de Khan (Nicholas Meyer - 1982).

comme autant de médailles du mérite : John Dykstra (qui travailla sur *La Guerre des étoiles*, *Star Trek* ou *Outland*), Richard Edlund (qui reçut un Oscar pour *La Guerre des étoiles* et collabora à *L'Empire contre-attaque*, *Le Retour du Jedi* ou *2010*), participé aux aventures de *Rencontres du troisième type* ou de *Blade Runner*), ou encore Derek Meddings (qui reçut l'Oscar

La Guerre des étoiles (1977).

pour *Superman* et collabora à tous les récents *James Bond*). Mais il faudra citer aussi des concepteurs, ainsi Syd Mead qui dessina les « styles futuristes » de films comme *Star Trek*, *Blade Runner*, *Tron* ou *2010*, des créateurs d'effets mécaniques tel Carlo Rambaldi (à qui l'on doit *King Kong*, *E.T.*, *Alien* ou *Dune*) ou encore des maquilleurs comme le tout jeune Rob Bottin (qui a déjà à son actif *The Thing*, de John Carpenter, les loups-garous de *Hurlements*). Après avoir été le travail artisanal de solitaires petits génies du système D, les effets spéciaux sont devenus un scientifique travail d'équipe. Jamais le cinéma de SF n'a été un tel festival de créations visuelles ! Jamais il n'a été une telle pépinière de techniciens-sorciers des effets spéciaux. Et si les nouveaux films de science-fiction déçoivent quelquefois par la pauvreté de leur scénario, ils nous assurent au moins de véritables feux d'artifice visuels !

À plus d'un titre, *La Guerre des étoiles* a révolutionné le cinéma de science-fiction. Son succès a marqué un changement complet de mentalités par rapport au genre. C'est le début d'un nouvel âge d'or !

Le nouveau petit prince des étoiles

On y croit à peine aujourd'hui : tous les grands studios hollywoodiens ont refusé *La Guerre des étoiles.* Et la Twentieth Century Fox n'a offert qu'un budget très limité à George Lucas, lui laissant assumer le travail de préparation pendant quatre années pour un salaire dérisoire et rognant le nombre d'effets spéciaux initialement prévu.

Après le tournage de *THX 1138*, Lucas voulait adapter *Flash Gordon* à l'écran mais dut y renoncer faute de capitaux suffisants pour obtenir les droits. Après le succès, aussi fabuleux qu'inattendu, d'*American Graffiti*, il eut enfin les moyens de réaliser son vieux projet... mais les droits n'étaient plus libres. Il décida donc de créer tout un monde original de « space opera, de fantaisie, d'aventure, de suspense et d'humour, en faisant également appel au western, à la mythologie et au film samouraï » (*dixit* Lucas lui-même). *La Guerre des étoiles* est, en effet, une joyeuse récapitulation du patrimoine hollywoodien, avec toute une combinaison d'influences de la bande dessinée, des serials, des contes de fées, des romans de SF, de la culture des années 50, etc.

C'est en janvier 1973 que George Lucas

commence à écrire sa saga. Pendant trois ans, il y travaille sans relâche et en rédige quatre versions successives. Un story board précis fut établi et le tournage commença d'abord en extérieurs (en Tunisie, au Guatemala et dans la fameuse vallée de la Mort) puis aux studios d'Elstree, en Grande-Bretagne... dans le secret le plus absolu. Au bout d'un mois d'exploitation, *La Guerre des étoiles* avait rapporté deux fois son prix de revient et reste, aujourd'hui, un des films en tête de tous les records de recettes.

Le public s'est immédiatement enthousiasmé pour cet univers original, peuplé de personnages puissants, et de gadgets hautement technologiques. Au cœur de la saga, il y a Luke Skywalker (Mark Hamill), jeune fermier de vingt ans. Entraîné dans la guerre entre les Rebelles et la dictature de l'Empire, il deviendra un chevalier Jedi... et celui par qui

Darth Vader
dans la guerre des étoiles.

L'Empire contre-attaque (1980).

les forces du Bien triomphent. Pour compagnon de combat, il a Han Solo (Harrison Ford), aventurier redoutable et pilote habile du *Millenium Falcon*, qui semble ne s'intéresser qu'à l'argent mais sait faire preuve de courage et d'amitié. La belle délurée qui brise leurs deux cœurs est la princesse Leia Organa (Carrie Fisher). Ambassadrice d'Aldebaran et menant combat aux côtés des Rebelles, elle sera sauvée des griffes de l'Empire par Han Solo et Luke. Avec eux, elle continuera la lutte. L'âme damnée de l'Empire s'appelle Darth Vader (Dark Vador dans la version française). Ancien chevalier Jedi, il s'est mis au service de la dictature et tient, pour des raisons familiales, à attirer Luke du côté maléfique. Tout de noir vêtu et casqué, Darth Vader utilise sa force contre les Rebelles et... pour éliminer les subalternes qui échouent. Dans la saga « Guerre des étoiles », on est tout bon ou tout méchant ! Comme dans ces peu subtils mais efficaces et séduisants vieux serials.

Parmi les nombreux personnages secondaires qui foisonnent dans ce petit monde de contes de fées galactiques selon Lucas, certains sont devenus de véritables stars comme Yoda, le vieux maître de tous les chevaliers Jedi, qui apprend à Luke à maîtriser la force. Ce personnage, à mi-chemin entre Tom et Jerry, qui cache sa grande sagesse sous des comportements un peu puérils, sera la grande surprise de *L'Empire contre-attaque*, le deuxième volet de la saga, réalisé par Irvin Kershner en 1980.

Han Solo a un compagnon fidèle et copilote très inhabituel : Chewbacca le wookie, sorte de grand nounours de 2,50 m à tête de chien, très amical et très puissant mais facilement coléreux. Luke, lui, s'est acheté deux robots d'occasion. C'est à cause d'eux qu'il sera entraîné dans cette grande quête initiatique de chevalier du futur. Ces robots, inspirés de Laurel et Hardy, sont des amis inséparables et participent savoureusement à l'action. Il y a le bavard et tout doré R2D2 et le gazouilleur et têtu C3P0. Robot humanoïde programmé pour les tâches ayant trait au protocole et éprouvant des émotions humaines, C3P0 est habité par le mime acteur Anthony Daniels qui a su trouver une démarche et un rythme au personnage. Mais le côté malcommode de la combinaison de C3P0, qui empêche tout mouvement large et toute position assise, y est peut-être aussi pour quelque chose. R2D2, petit droïde tripode émettant des signaux sonores

Le Retour du Jedi
(Richard Marquand - 1983).

électroniques, suit Luke Skywalker sur son chasseur à ailes en X et participe souvent à l'action. R2D2 et C3P0, compagnons inséparables et amis fidèles, sont une des raisons du succès de *La Guerre des étoiles.* D'autres robots fidèles auxiliaires seront les vedettes de films comme *Battlestar Galactica*, de Richard A. Colla, en 1979, ou de *Buck Rogers au XXVe siècle*, de Daniel Haller, la même année. Mais aucun ne les égalera ! Et tous ces personnages voyagent d'une planète à l'autre en chasseur à ailes en X ou en croiseur impérial, se combattent à coups de rayons laser dans les champs d'astéroïdes ou au-dessus de planètes polaires. Pendant ces trois fois deux heures de divertissement-feux d'artifice de la saga « Guerre des étoiles » (*La Guerre des étoiles*, en 1977, *L'Empire contre-attaque*, en 1980, et *Le Retour du Jedi*, en 1983), les lieux se multiplient. On est propulsé de la planète désertique Tatoïne où habite Luke Skywalker à l'Étoile noire, gigantesque satellite repaire des maléfiques dirigeants de l'Empire galactique. On suit les héros de la planète glaciaire de Hoth vers la marécageuse planète Dagobah où habite Yoda ou vers la Cité des Nuages de Lando Carlissian. Mais c'est depuis la verdoyante planète Endor, où vivent les amicaux Ewoks, que Luke, Leia et Han Solo lancent leur triomphale et ultime attaque contre l'Empire. Les univers de *La Guerre des étoiles* sont aussi importants que les personnages !

Pour créer ces mondes et ces séquences d'action, George Lucas a mobilisé une armée de techniciens et a donc créé son propre laboratoire d'effets spéciaux, l'ILM. Depuis *2001*, qui avait été dix ans plus tôt exemplaire dans le

L'empire contre-attaque.

domaine des effets spéciaux, d'importants progrès techniques ont été réalisés. Mais la grande révolution fut l'utilisation de l'ordinateur que l'on reliait à la caméra « effets spéciaux » pour enregistrer et mémoriser chaque plan. Grâce à cette nouvelle technique, les superpositions d'images et les surimpressions purent atteindre une complexité époustouflante. Les maquettes de vaisseaux s'entrecroisèrent dans l'espace, atterrirent sur les planètes, plongèrent dans les couloirs étroits ou dansèrent entre les météorites. À la sortie du film, John Dykstra, le responsable des effets spéciaux, déclarait : « Nous montrons des vaisseaux spatiaux voyageant tout le temps au-dessus des planètes, ce que Kubrick ne fit pas. Ses vaisseaux ne pouvaient être vus que sous un seul angle, les nôtres sont filmés sous tous les angles et dans toutes les positions. Contre les 35 effets spéciaux de Kubrick, Lucas en utilise 363 ! »

Le retour du Jedi (1983).

La Guerre des étoiles s'achevait par une séquence virtuose : l'attaque par les chasseurs rebelles d'une gigantesque planète artificielle, l'Étoile noire. Devant une telle perfection spectaculaire, le cinéphile de science-fiction savait qu'une nouvelle ère de l'imaginaire visuel avait commencé !

Avant Lucas, le « space opera » était très futuriste. Après lui, il se tourne vers l'intemporel et le légendaire. Avant Lucas, la science-fiction se complaît dans le pessimisme. Après lui, les sciences dévastatrices et les mondes inhumains tombent un peu en désuétude. C'est le retour de la grande aventure, avec ce que cela sous-entend de nostalgie, de bonne conscience, de naïveté et d'irréalisme. Est-ce pour cela que certains voient, dans le succès sans précédent de *La Guerre des étoiles*, le type même du film de période de crise économique et sociale, qui permet de s'échapper d'un quotidien trop morose ? Lucas l'a dit : « *La Guerre des étoiles* s'adresse à ce qui reste en nous de l'enfant. »

En haut à droite : *Outland* (Peter Hyams, 1981) en dessous : *Le trou noir* (Gary Nelson, 1979).

Dans la foulée, les grands spectacles à effets spéciaux se déroulant « il y a bien longtemps dans une lointaine galaxie, très lointaine... » vont se succéder avec des budgets de plus en plus importants. Alors que *La Guerre des étoiles* a coûté 9,5 millions de dollars et en a rapporté au moins cinquante fois plus, il en faudra, rien que pour l'année 1979, 10 pour réaliser *Alien* de Ridley Scott, 20 pour parachever *Le Trou noir* produit par les studios Disney et – un record ! – 40 pour la première adaptation de *Star Trek* de Robert Wise au cinéma. Sans parler des 40 autres millions de dollars que coûta la série TV *Battlestar Galactica* qui ressemblait beaucoup à *La Guerre des étoiles* sans en avoir le charme et l'efficacité.

Mais qu'importe l'argent, s'il se voit sur l'écran et permet un étonnement émerveillé qui n'est pas sans rappeler celui qu'éprouvaient les spectateurs du pionnier Méliès !

Le planétoïde *d'Alien* et son vaisseau biomécanique avec son pilote fossilisé et sa cargaison d'œufs doivent tout leur impact angoissant à un artiste nommé Hans Rudi Giger. Le V'ger de *Star Trek* ne serait pas le monde de lumière stellaire que l'on connaît sans John Dykstra et Douglas Trumbull. Même chose pour le *Cygnus* du *Trou noir*, signé Peter Ellenshaw. Depuis 1977 et grâce au triomphe de *La Guerre des étoiles*

Les Mercenaires de l'espace (Jimmy T. Murakani - 1980).

la science-fiction est un haut lieu de création artistique. Et l'imagination est aussi au rendez-vous !

Alors que des laboratoires uniquement consacrés à la construction et à l'animation de maquettes se multiplient un peu partout autour des grands studios hollywoodiens, les producteurs ne pensent plus qu'à une chose : installer leur héros dans un vaisseau spatial et l'envoyer le plus loin possible dans les galaxies. Même James Bond n'y échappe pas dans *Moonraker*, de Lewis Gilbert, en 1979. Le bon vieux feuilleton TV *Star Trek*, qui se passait principalement à l'intérieur du poste de pilotage de l'*Enterprise*, devient une superproduction, la même année, sous la direction de Robert Wise, assisté de John Dykstra (*La Guerre des étoiles*) et de Douglas Trumbull (*2001*) aux effets spéciaux. La maison Disney, toujours en 1979, s'approche d'un *Trou noir* que rêve de visiter un capitaine Nemo de l'espace. Une équipe de secours, y compris son gentil robot, montera à bord du vaisseau *Cygnus* (conçu

Loin de la Terre

et animé par un vétéran maison, Peter Ellenshaw) pour découvrir la folie du capitaine entouré d'une armée de méchants robots. Le *Nostromo*, le vaisseau d'*Alien*, que réalise Ridley Scott, toujours en 1979, rentre tranquillement vers la Terre. C'est un banal cargo, pas même confortable. Mais les membres de l'équipage sont réveillés de leur hibernation parce qu'un signe de vie a été capté sur une planète morte... Ce sera un « alien » qui profitera des recoins sombres du vaisseau pour décimer l'équipage. Le scénario d'*Alien* a déjà servi dans des séries B de science-fiction (*It, the Terror from beyond Space*, d'Edward L. Cahn, en 1958, ou *Terrore nello spazio*, de l'Italien Mario Bava, en 1965). Mais jamais film n'avait atteint cette authenticité dans l'existence à l'intérieur d'un vaisseau spatial et dans l'exploration d'une planète inconnue. Les déplacements vers les lointaines galaxies ne manquent pas : *Outland*, de Peter Hyams, en 1981, version SF du *Train sifflera trois fois* où le shérif de l'espace Sean Connery doit affronter les tueurs débarqués pour l'abattre dans la colonie minière d'une lointaine planète. *Saturn 3*, de Stanley Donen, en 1979, où un militaire dément et son robot débarquent dans le satellite du Pr Kirk Douglas et de son assistante Farrah Fawcett-Majors. Ou encore *Les Mercenaires de l'espace*, de Jimmy T. Murakani, en 1980, version SF des *Sept mercenaires* produite par le très opportuniste et très inspiré Roger Corman. Car, en ce début des années 80, les petits vaisseaux se déplacent dans les grands espaces avec la facilité que mettait l'obus-fusée de Georges Méliès pour se planter dans l'œil de la Lune en 1902 !

LE RETOUR DES EXTRATERRESTRES

*D*ans les années 50, les Martiens étaient avant tout agressifs et colonisateurs. Mais depuis Spielberg et ses « rencontres du troisième type » avec un E.T. qui veut téléphoner chez lui, le péril rouge est devenu idylle rose.*

Le grand retour de l'extraterrestre sera signé Steven Spielberg. Lorsque le réalisateur des Dents de la mer *surprend et séduit avec ses* Rencontres du troisième type, *les temps ont changé. 1977, c'est l'année de* La Güerre des étoiles. *C'est la consécration d'une science-fiction cinématographique à gros budget pouvant s'offrir des effets spéciaux sophistiqués à base de transparences indécelables et de maquettes animées par ordinateur. Spielberg, comme son copaïn George Lucas, appartient à cette génération de nouveaux jeunes loups qui vont révolutionner la bonne vieille Hollywood. Baignés dès leur plus tendre enfance dans un univers de bandes dessinées, de feuilletons TV pleins de superhéros et de séries B de science-fiction, ces grands enfants réalisent à l'écran leurs rêves de fans. L'important, c'est le plaisir ! Et le phénoménal succès de leurs films leur donne les moyens de raconter leurs histoires aussi luxueusement qu'ils le souhaitent.*

Rencontres du troisième type *est le troisième long métrage d'un cinéaste de vingt-neuf ans fou d'anticipation et qui a grandi avec des films comme* La Chose d'un autre monde *ou* The Man from Planet X. *Mais, pour son premier film d'extraterrestres,*

soucoupes volantes belliqueuses. Il croit à une vie intelligente dans l'univers. « J'ai voulu sortir les relations interspatiales de l'isoloir de la science-fiction et leur donner une aura de respectabilité », avoue-t-il au moment de la sortie de Rencontres du troisième type.

Une rencontre du premier type, c'est voir un ovni. Du deuxième type, c'est découvrir des preuves tangibles. Et une rencontre du troisième type, c'est établir un contact physique avec l'occupant d'un ovni. Spielberg imagine la rencontre soigneusement organisée de savants, de militaires et de quelques individus tout à fait ordinaires avec des extraterrestres dont le vaisseau ressemble à un grand lustre multicolore. La musique, les effets spéciaux de Douglas Trumbull, le parrainage, en tant que conseiller en ufologie, du très sérieux Dr J. Allen Hynek, l'apothéose finale... Spielberg met tout en œuvre pour que nous souriions enfin à l'espace et à son inconnu. Son *E.T.*, lui aussi réalisé dans le plus grand secret quatre ans plus tard, aura la même morale. « Il a peur. Il est totalement

seul. Il est à trois millions d'années-lumière de chez lui »... Il s'appelle E.T. et débarque dans la vie d'un petit garçon de banlieue américaine dont il devient l'ami et qui lui sauve la vie. Décidément, Spielberg aime les belles histoires ! En plus, il sait leur donner une force étonnante.

E.T., avec ses allures de fable de SF moralisatrice et humaniste, de conte de fées des années 80, est le plus gros succès de l'histoire du cinéma.

Dans le grand boom des superproductions de SF de la fin des années 70 et du début des années 80, les extraterrestres ont de nouveau la part belle... mais pas forcément le beau rôle. On ne trouve vraiment d'E.T. sympas que dans *Cocoon*, de Ron Howard, en 1985, où ils redonnent la jeunesse aux vieillards d'une maison de retraite, dans *Explorers*, de Joe Dante (... produit par Spielberg !), en 1985, où trois gosses construisent une capsule pour aller rencontrer d'autres gosses extraterrestres dans l'espace... ou encore dans *Les Visiteurs d'un autre monde*, production Disney, réalisée par John Hough en 1975, où deux enfants de l'espace aux pouvoirs télépathiques sont pris en chasse par des méchants avant d'être récupérés par les leurs.

E.T. - Steven Spielberg - (1982).

Quand les E.T. sont méchants, ils s'appellent des « aliens ». Ridley Scott, en faisant un malheur au box-office avec son *Alien, le 8e passager*, en 1979, a créé un nouveau mot franglais et remis l'extraterrestre agressif à la mode. Après *Alien* où la belle Sigourney Weaver affrontait une créature organique, cruelle et carnivore ramenée à bord de l'astronef *Nostromo*, les

Alien, le 8e passager.

« aliens » se sont multipliés : le père métamorphosé de *XTRO*, de Harry Broomley Davenport, en 1983, venu chercher son fils; *Inseminoid*, de Norman J. Warren, en 1982, pâle copie d'*Alien;* le V'ger, satellite intelligent et destructeur de *Star Trek, le film*, de Robert Wise, en 1980; les méchants extraterrestres s'opposant aux bons extraterrestres sur notre planète et au-dessus de nos têtes dans la redoutable *Attaque des soucoupes volantes*, d'Ed Hunt, en 1979; les faux amis du feuilleton télévisé *V*, de Kenneth Johnson, en 1984, allégorie de l'occupation nazie; les Vampires de l'espace qui transformèrent Londres en gigantesques bacchanales de morts vivants, dans *Life Force*, de Tobe

Hooper, en 1985. Ou encore, du côté des remakes, *L'Invasion des profanateurs*, réalisé par Philip Kaufman en 1979, ou *The Thing*, de John Carpenter, en 1982. Dans les deux cas, ces envahisseurs venus d'ailleurs ont bénéficié de toute une haute technologie des maquillages et des effets spéciaux qui n'a plus rien de comparable avec celle, très sommaire, des films de SF des années 50 qui les ont inspirés.

Mais le plus inquiétant, le plus ambigu et le plus intéressant de ces nouveaux extraterrestres nous a rendu visite en 1976. Il était interprété par David Bowie dans *L'Homme qui venait d'ailleurs*, réalisé par Nicholas Roeg. Ange venu se brûler les ailes sur la planète Terre, d'abord maître puis esclave, Prométhée à jamais enchaîné au

L'Homme qui venait d'ailleurs (Nicholas Roeg - 1976).

pays des hommes, Bowie, en messie androgyne, nous obligeait à un bien triste constat sur notre société de profit égoïste incapable de s'ouvrir à l'autre.

Alien et *E.T.* ont imposé au cinéma de science-fiction les deux visages antagonistes d'un même archétype : le visiteur de l'espace, ennemi cruel que l'on affronte de face ou étranger amical qui réapprend aux hommes les vraies valeurs. En 1986, *Aliens*, la suite du film de Ridley Scott, renvoyait à nouveau la douce Sigourney Weaver dans la galaxie pour affronter une « alien » pondeuse et une véritable armée d'« aliens » agressifs. Malgré un affrontement final jouant symboliquement sur l'opposition de deux figures maternelles, cette suite, réalisée par James Cameron, se voulait surtout une sorte de Rambo chez les Martiens. En 1987, le visiteur extraterrestre de *Predator* de John Mc Tiernan prenait la jungle terrestre pour un terrain de chasse et les hommes pour un gibier... mais il avait le tort de s'attaquer à Arnold Schwarzenegger. En 1988, dans *Hidden* de Jack Sholder, la créature venue d'ailleurs prenait notre bonne vieille planète pour un « défouloir » et, après avoir investi le corps de braves Terriens, les transformait en sanglant braqueur de banques et en tueur dément. Le film, qui obtint le grand prix du Festival d'Avoriaz, est le mariage réussi du polar et de la SF. Parasite du corps humain, l'extraterrestre n'a plus autant besoin d'effets spéciaux visuels mais a beaucoup plus recours aux cascadeurs... Est-ce le retour à la bonne vieille série B de SF des années 50 ?

E.T. a fait des petits. Ils s'appellent les « Dracs ». Dans *Enemy*, de l'Allemand Wolfgang Petersen, cette créature reptilienne va réapprendre aux humains les valeurs de tolérance et de respect d'autrui qu'ils ont depuis longtemps oubliées. Dans une guerre intergalactique, deux pilotes de vaisseaux spatiaux, un Terrien et un Drac, sont naufragés sur la même planète sauvage et désertique. Ces nouveaux Robinson et Vendredi, d'abord ennemis mortels, apprennent à cohabiter, à se comprendre et à se tolérer. Cet échec commercial, suivi de celui d'*Howard* de Willard Huyck, où un gentil canard a bien des malheurs avec de cupides Terriens, mettra fin – pour le

Alien (Ridley Scott - 1979).

moment ? – à la vogue des gentils E.T. Mais l'incurable Spielberg ne renonce pas si facilement, et prépare son E.T.2.

Superman L'incontournable

Le superhéros est une industrie nationale aux États-Unis. Il a colonisé d'abord les « comics » (les bandes dessinées), puis les feuilletons radio et enfin le cinéma. Né entre la Grande Dépression et la Seconde Guerre mondiale, période troublée s'il en est, il s'appelle Superman, Captain Marvel, Captain America ou Batman. Ses petits-cousins s'appellent Buck Rogers et Flash Gordon et sont justiciers des étoiles. Ici, il préfère le sol américain. Héros hypernationaliste, il a le sens de l'honneur et de la justice. Les superhéros de bande dessinée étaient parfaits pour le cinéma d'action, d'aventures, de courses-poursuites et de suspense... Ils arrivèrent dans les salles obscures sous forme de serials. Un épisode de 25 minutes était programmé chaque semaine pendant les « kiddy matinees » ou en première partie et se terminait par un « cliff-hanger », c'est-à-dire une fin survenant au moment précis où le héros va affronter une mort certaine, ce qui oblige le spectateur à revenir dans la même salle de cinéma la semaine suivante pour connaître la suite.

Superman, lui, est né à Cleveland, sous le crayon d'un jeune homme nommé Jerry Siegel. Via la bande dessinée, il arrivait de la planète Krypton pour défendre les sacro-saintes valeurs américaines (voir encadré).

Superman

L'OMNIPRÉSENT

Superman, personnage incontournable de la science-fiction, héros populaire par excellence.

Le *character* de BD creé en 1938 par Joe Schuster et Jerry Siegel a bénéficié d'une énorme popularité due à une diffusion tous azimuts.

1940 : 5 émissions hebdomadaires à la radio (nous aurions dit à la TSF)
La voix de Superman : Bud Collier.

1941 : 17 dessins animés de Dave Fleischer
Produits par les studios Max Fleischer, diffusés par la Paramount.

À L'ÉCRAN

1948 : serial de 15 épisodes intitulé *Superman*
Réalisateurs : Spencer Bennett et Thomas Carr
Superman : Kirk Alyn
Lois Lane : Noel Neill
Produit par Columbia.

1950 : serial de 15 épisodes intitulé *Atom men vs. Superman*
Réalisateur : Spencer Bernett
Mêmes interprètes
Même producteur.

À LA TÉLÉVISION

1953-1957 : 104 épisodes de 30 minutes
Les 2 premiers épisodes en noir et blanc, les autres en couleurs
Superman : George Reeve
Lois Lane : Phyllis Coates (26 épisodes), puis Noel Neill.

Deux films de long métrage diffusés en salles furent exploités, films tirés d'un montage de divers épisodes TV :

Superman and the Mole Men
Réalisateur : Lee Sholem.

Superman flies again
Réalisateurs : Thomas Carr et George Blair.

FIN

Petit gag à l'usage des initiés : dans Superman I, interprété par Christopher Reeves (avec un *s* final), au début du film, les trois personnages dans le train qu'accompagne à grande vitesse Superman adolescent (Superboy) sont M. et Mme Lane ainsi que Lois Lane petite fille. Le papa est interprété par Kirk Alyn et la maman par Noel Neill.

Lorsque, en décembre 1978, *Superman* revint sur les écrans, le public américain, ravi, n'en croyait pas ses yeux. Revoyant de temps en temps à la télévision les serials tournés dans les années 50, les spectateurs s'étaient presque habitués aux maquettes très primaires, à la silhouette un peu enveloppée du héros et surtout aux fils qui le soutenaient dans ses envols ! Interprété par

Superman II (Richard Lester - 1980).

un séduisant Christopher Reeves de vingt-quatre ans passé au laminoir de la gonflette musculaire et habillé de la traditionnelle combinaison sans aucun faux pli, Superman avait enfin une allure aussi fière que dans la bande dessinée. Mais ce n'est pas tout : il volait... sans fils et avec une efficacité qui justifiait à elle seule le super-budget de 45 millions de dollars annoncé pour le film. Dans le plus grand secret, les nouveaux magiciens des effets spéciaux ont créé toute une série de procédés permettant à Superman une formidable liberté de mouvements.

Les scènes de vol furent tournées en cachette,

utilisant des techniques inédites et d'autres plus classiques. Dans certaines scènes tournées en studio, les acteurs sont simplement suspendus par des harnais devant un écran bleu (ce qui permettra d'incruster les personnages dans des vues aériennes de New York, par exemple). Mais d'autres techniques beaucoup plus complexes, à base de rails suspendus et de filins ou de tiges télescopiques permettant un vol en avant, restent encore un mystère... Tout cet attirail permet de filmer les atterrissages, décollages ou vols de Superman en extérieurs ou en décors de studio, souvent avec un minimum d'effets spéciaux visuels (rajoutés en postproduction). Pour les producteurs et auteurs de *Superman* et de ses suites, l'important est que ces séquences soient crédibles. Et elles le sont !

Superman, le film, dès sa sortie, bat tous les records de recettes, y compris ceux de *La Guerre des étoiles.*

Ce supergendarme du monde libre, sous la férule de Richard Donner, se présente avant tout comme un ange venu d'ailleurs, prêt à aimer ou à souffrir comme un être humain. La grande scène de vol du film est un tête-à-tête très sensuel et très romantique entre Lois Lane et Superman au-dessus des gratte-ciel new-yorkais. En faisant peau neuve et en perfectionnant ses effets spéciaux, le *Superman* de Richard Donner a su aussi se moderniser par la tendresse et le second degré de charme !

Lorsque Richard Lester reprendra les commandes, pour *Superman II* et *III*, il préférera un humour plus ravageur, y compris aux dépens du superhéros lui-même... Ce sera moins réussi ! Le public a, de son côté, bien boudé le numéro *III* et *Supergirl*, réalisé en 1984 par Jeannot Szwarc, qu'on lui offrait en remplacement. Alors ? Superman va-t-il être condamné de nouveau à quelques années de repos dans sa Forteresse de la Solitude ?

Superhéros pour rêver

Reeves s'est pourtant laissé convaincre de tourner un quatrième volet des aventures du superhéros... dont il est lui-même un des coscénaristes. Dans *Superman IV* de Sidney J. Furie, en 1987, le superhéros luttait contre la course aux armements nucléaires, alors que son ennemi juré, Lex Luthor, fabriquait un androïde avec de la kryptonite verte pour contrecarrer ses projets.

Supergirl et la méchante Faye Dunaway (*Supergirl* - Jeannot Szwarc - 1984).

Le film ne retrouva pas la voie royale du succès... Les temps auraient-ils changé ? Une chose est sûre : en cette fin des années 70, les superhéros incarnant des valeurs aussi éternelles que la droiture et le courage correspondaient à une demande du public. Comme *La Guerre des étoiles* et *Flash Gordon* (de nouveau somptueusement adapté à l'écran par Mike Hodges en 1980), *Superman* incita à un parallèle avec les années 30, autre période de crise. Mais, au-delà du grand spectacle d'évasion et de divertissement, ces nouvelles aventures de superpreux chevaliers du futur reflétaient surtout l'idéalisme un rien mystique de l'Amérique de Jimmy Carter.

ANNÉES 80 LES NOUVEAUX BARBARES

Imaginé il y a plus de cinquante ans par Robert E. Howard et adapté à l'écran par John Milius en 1982, sous les traits particulièrement inexpressifs et la musculature particulièrement imposante d'Arnold Schwarzenegger, Conan le barbare va imposer une violence sauvage et mythique, hors du temps et de l'espace. Défrichant un autre domaine du cinéma de science-fiction délaissé par les réalisateurs, l'« heroic fantasy », Conan s'est imposé au cinéma parce qu'il a rencontré un réalisateur aussi fou et titanesque que le personnage inventé par Robert E. Howard. Conan est un mercenaire, un voleur, un pirate, un roi... Surhomme tout en muscles, il a la vivacité et la férocité de l'animal mais aussi la sauvagerie et (paradoxalement) le sens grégaire de l'honneur du barbare. Pour incarner Conan, il fallait une carrure hors du commun. Ce fut Arnold Schwarzenegger, champion du monde de culturisme, qui est devenu, grâce au rôle, une des stars musclées et violentes à la mode, entre Sylvester Stallone et Chuck Norris.

Pour son film, John Milius créa tout un univers païen, mythique et ancestral dont il confia la réalisation à Ron Cobb, qui avait déjà travaillé sur La Guerre des étoiles, Rencontres du troisième type *et* Alien. *Cobb a imaginé un univers flamboyant et romantique : village perdu dans une forêt enneigée, « Roue de la douleur » dévorée par le soleil, ville cosmopolite de Zamora, temple de Tulsa Doom ou Chambre des Orgies.*

Dans un tel univers, John Milius pouvait raconter, avec l'emphase nécessaire, cette histoire qui commence par : « Douze mille ans avant notre ère, un forgeron lègue à son fils un glaive trempé dans un acier d'une qualité incomparable... » Le premier film, Conan le barbare, *racontait la quête de Conan petit enfant voyant ses parents massacrés, luttant et se façonnant un corps d'airain pour survivre et accomplir sa vengeance. Le succès fut tel que, en 1983, Richard Fleischer en tourna une suite :* Conan le destructeur. *Dans cette seconde aventure, « douze mille ans avant notre ère, dans un pays hostile où règnent la sorcellerie et la loi du plus fort », Conan escorte et aide une virginale princesse à s'emparer d'une corne magique. En chemin, Conan se fait une nouvelle alliée, la sauvage Zula, interprétée par la non moins inquiétante... Grace Jones !*

Richard Fleischer adaptera ensuite, en 1985, une autre œuvre de Robert E. Howard : *Red Sonja*, équivalent féminin de Conan interprété par Brigit Nielsen. Et, dans ce film (intitulé en français *Kalidor, la légende du talisman*), Arnold Schwarzenegger interprète le personnage du prince Kalidor. L'impressionnant Arnold sera, en 1984, *Terminator*. Dans ce film réalisé par James Cameron, il incarne un cyborg, une machine surgie de l'avenir dans le Los Angeles d'aujourd'hui pour tuer la femme qui mettra au monde le nouveau messie du futur. Schwarzenegger y est un méchant absolu et se situe parfaitement dans la grande vague des héros implacables et cruels qui fascinent en faisant peur.

Bien entendu, le sculptural « Schwarzy » va très vite passer dans le clan des héros, mais restera fidèle à la science-fiction et au futur. Son physique « bigger than life » lui permet de rejoindre les gladiateurs-justiciers du futur. Dans *Predator* de John Mc Tiernan, il est le chef d'un commando antiterroriste, perdu dans la jungle et devenant la proie d'un chasseur venu d'une autre planète... *Les Chasses du comte Zaroff* revisitées. Dans *Running Man* de Paul Michael Glaser, le même Schwarzenegger est le candidat à un jeu du cirque télévisuel et futuriste, prêt à tout pour survivre et renverser l'État totalitaire qui conditionne et asservit le peuple... Un thème déjà exploité par Elio Petri dans *La Dixième Victime*, puis par Yves Boisset dans *Le Prix du danger*.

Flic et privé du futur

En fait, cette vague de surhommes primitifs ou futuristes exploite – directement ou indirectement – le succès d'un film australien

Mad Max I : l'hyper-violence (George Miller - 1981).

qui révolutionna le cinéma de science-fiction, en 1979 : *Mad Max*. George Miller, le réalisateur, jeune médecin australien passionné par le septième art, imagina et mit en images un monde proche de celui d'*Orange mécanique*... où les autoroutes sont devenues le lieu d'affrontement de loubards motorisés et de flics du futur. Mad Max, tout de cuir noir vêtu, est le plus rapide et le plus fort. Bénéficiant du charisme de ce jeune acteur brun au regard bleu nommé Mel Gibson, le personnage de Max l'intercepteur retrouvait toute une mythologie westernienne. Dans un film qui se vit comme une succession ininterrompue de cascades automobiles et de scènes violentes, George Miller raconte une histoire classique (la chasse aux hors-la-loi qui ont tué femme et enfant... et la vengeance !) dans un emballage

Mad Max 2 (George Miller - 1982).

séduisant parce que inhabituel et à couper le souffle. Le film fut un triomphe partout dans le monde. Une suite était donc à prévoir : *Mad Max 2*, en 1982. Trois ans après la fin de *Mad Max*, le justicier solitaire arpentait un monde dévoré par la pénurie pétrolière et aidait un groupe de gentils fuyards à défendre leur raffinerie contre une bande de motards à mi-chemin entre l'Indien mohawks et le chevalier médiéval. Bénéficiant d'un habile scénario (qui utilise les thèmes westerniens du fort et de la diligence attaqués par les Indiens) et d'un budget qui permet des cascades encore plus spectaculaires, *Mad Max 2* est le plus abouti et le plus réussi de la série. En 1985, George Miller donnera une troisième aventure à son héros, dans

Mad Max, au-delà du Dôme du Tonnerre. Alors que dans les nombreux plagiats qui tentent de récupérer le succès de *Mad Max*, les gladiateurs du futur et autres nouveaux barbares n'en finissent pas de lutter contre les mutants atomisés et divers loubards de l'apocalypse, Mel Gibson l'Australien ramène son justicier solitaire vers plus d'humanité. Dans *Au-delà du Dôme du Tonnerre*, Max se joint à une bande d'enfants sauvages pour redonner un avenir à l'humanité, ce qui ne l'empêche pas de lutter sauvagement contre la dictature d'Entity, reine noire et blonde, cruelle et dangereuse, interprétée par la chanteuse Tina Turner.

Mad Max 3 : après la bombe ? (George Miller et George Ogilvie - 1985)

Dans une mégalopole américaine, en 2020, surpeuplée, cosmopolite, polluée, rafistolée et violente, un « Blade Runner » – un détective et un exterminateur –, le meilleur de sa branche, est chargé de retrouver cinq répliquants devenus des tueurs fous et disparus dans la ville-labyrinthe, après avoir assassiné leurs patrons.

Personnage adapté d'un roman de Philip K. Dick, *Les Androïdes rêvent-ils de moutons électriques ?*, Blade Runner est autre chose qu'un justicier efficace et solitaire de plus. En 1982, le film marque la rencontre de trois

créateurs : un réalisateur maniaque du détail nommé Ridley Scott, un maître incontesté des effets spéciaux nommé Douglas Trumbull et un des designers futuristes les plus doués de sa génération. Ensemble, ils ont imaginé un futur proche visuellement saisissant.

Blade Runner
(Ridley Scott - 1982).

Le héros de *Blade Runner*, un policier dans la lignée de ceux de Sam Spade ou de Philip Marlowe, est interprété par le comédien qui va devenir la star numéro un des films d'action américains. Après avoir

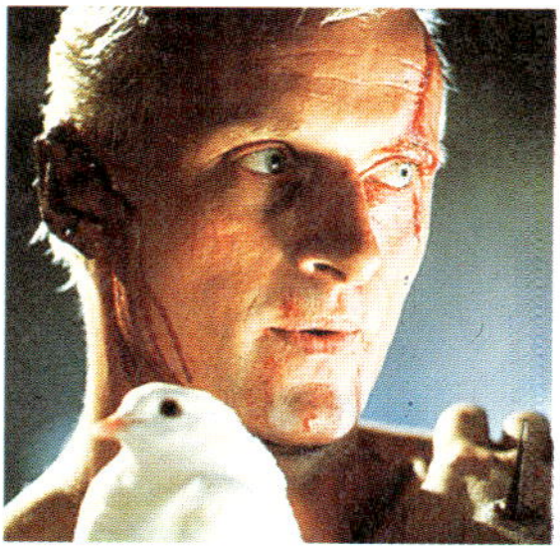

été Han Solo dans les trois volets de la saga « Guerre des étoiles », Harrison Ford va s'imposer dans le cinéma fantastique et de science-fiction grâce à *Blade Runner*, puis au personnage d'Indiana Jones dans *Les Aventuriers de l'arche perdue* puis *Indiana Jones et le temple maudit*, réalisés par Steven Spielberg.

Les gladiateurs du futur

Robocop, en 1988, marque une nouvelle étape dans le mythe des « nouveaux barbares » qui ponctuent le cinéma de science-fiction des années 80. Réalisé par le Hollandais – désormais installé à Hollywood – Paul Verhoeven, *Robocop* reprend le thème du justicier du futur. Robocop est un ancien flic transformé en androïde, après avoir été mitraillé par des loubards dans une ville digne de Metropolis (les riches en haut, dans des gratte-ciel hypermodernes, et les pauvres dans les rues crasseusement apocalyptiques, à hauteur du sol). Le robot-force de l'ordre nettoie. Mais, derrière la cuirasse métallique et informatique, l'homme reprend le dessus avec son sens immanent de la justice et ses facultés de réflexion. Et les puissants corrompus qui voulaient manipuler Robocop en sont pour leurs frais ! Tout en jouant le jeu du divertissement musclé, *Robocop* est aussi une dénonciation des excès du pouvoir et de la lente désagrégation d'une société futuriste qui ressemble beaucoup au présent ! De *Blade Runner* à *Robocop*, la SF des années 80 a compris qu'elle se devait d'être avant tout spectacle (feu d'artifice d'effets spéciaux) pour mieux exprimer les peurs et les préoccupations les plus contemporaines.

Robocop (Paul Verhoeven - 1988).

LE CINÉMA DE SCIENCE-FICTION AUJOURD'HUI

L*ère des grands « space operas » semble s'achever. Dans le domaine des grandes fresques galactiques à effets spéciaux, 1985 n'est pas l'année faste.* 2010, *la suite explicative de* 2001, l'odyssée de l'espace, *réalisée par Peter Hyams et visualisée par Syd Mead, coûta 25 millions de dollars et fut un échec commercial.* Dune, *l'adaptation du fameux roman de Frank Herbert par David Lynch, aurait coûté 40 millions de dollars et fut un impressionnant naufrage artistique et financier. On sait déjà que les* Dune 2, 3 *ou* 4, *prévus par le producteur Dino De Laurentiis, sont oubliés. L'avenir seul pourra dire si l'âge d'or du « space opera » appartient déjà au passé !*

Le danger atomique est un traumatisme on ne peut plus actuel. Le cinéma de science-fiction des années 80 en a rendu compte, d'une manière intimiste ou spectaculaire, mais toujours réaliste. Le thème de l'holocauste nucléaire date des années 50 et est devenu presque classique. Il y a souvent eu quelques survivants pour mesurer l'ampleur de la catastrophe et devenir les nouveaux Adam et Ève. Le plus célèbre de ces films est Le Monde, la Chair et le Diable, *de Ranald MacDougall, où le Noir Harry Belafonte et le Blanc Mel Ferrer s'affrontaient pour la possession de la dernière femme de la Terre, interprétée par Inger Stevens.*

Mais les années 80 préfèrent oublier la fiction délirante pour se concentrer sur le drame réaliste qu'engendre l'explosion atomique.

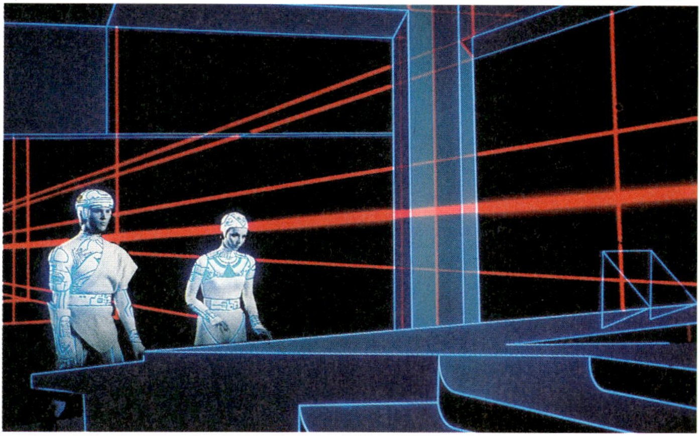

Tron (Steven Lisberger - 1982).

En 1980, le réalisateur français Christian de Chalonge s'inspira très librement d'un roman de Robert Merle pour son *Malevil*. Dans la campagne française, après l'explosion de la bombe, les survivants, loin d'être des héros purs et durs ou des monstres odieux selon les recettes américaines, sont d'abord des êtres humains avec leurs faiblesses, leurs peurs, leurs lâchetés et leurs petits courages.

1983 fut l'année d'un double tir de barrage du cinéma contre la bombe atomique : *Le Jour d'après*, de Nicholas Meyer, et *Le Dernier Testament*, de Lynne Littman.

Sur la trame traditionnelle du film-catastrophe, Nicholas Meyer réalise pour la télévision américaine un téléfilm racontant la destruction de la ville de Kansas City. En mélo bien ordonné, *Le Jour d'après* commence par nous attacher à quelques braves citoyens continuant à vaquer à leurs occupations quotidiennes, malgré leurs petits problèmes sentimentaux ou familiaux. Mais, soudain, le conflit éclate... Et Nicholas Meyer transforme son gentil mélo en promenade aux enfers. L'état d'alerte est donné : les magasins sont pris d'assaut, les routes submergées d'embouteillages, les abris construits en toute hâte. Les bombes éclatent, la ville est en ruine et les terrifiantes conséquences de l'attaque nucléaire deviennent réalité : brûlures et maladies dues à la radioactivité, épidémies virulentes, inadéquation des moyens de secours, médicaments, eau et nourriture insuffisants, violence et anarchie. Le soir de la programmation de ce téléfilm, l'Amérique fut une nouvelle fois traumatisée. Il n'y eut pas, comme lors de la diffusion radiophonique de *La Guerre des mondes* d'Orson Welles, en 1938, de scènes de panique dans la rue. Cependant, l'Américain moyen découvrit que, contrairement à ses idées toutes faites, l'holocauste nucléaire ne signifie pas la mort instantanée mais une peste moderne débouchant sur le chaos et une lente et douloureuse agonie. Le soir même, il y eut du malaise dans les foyers américains. Le lendemain, il y eut quelques plaintes des autorités militaires et politiques. Comme quoi, aujourd'hui encore, toute vérité n'est pas bonne à dire.

Retour vers le futur
(Robert Zemeckis - 1985).

Lynne Littman, elle, adopte un point de vue de femme et raconte, tout en demi-teintes, la mort progressive d'une famille frappée, comme tout son voisinage, par les radiations atomiques. Les spectateurs du moment préférèrent la gifle un rien grand-guignolesque du *Jour d'après* et boudèrent la ballade triste et à fleur de peau, pourtant tout aussi réaliste, de Lynne Littman.

Les effets spéciaux permettent tous les prodiges. Les techniciens sont capables de réaliser l'impossible. On a vécu un grand moment d'émerveillement (proche de celui que devaient éprouver les spectateurs du cinématographe Lumière à la première projection de *L'Arrivée d'un train en gare de La Ciotat*). Mais, dorénavant, les films uniquement visuels ne satisfont plus la demande d'un public blasé. Les films de science-fiction qui, en cette année 1985-1986, font un malheur au box-office international ont su tirer la double leçon du succès d'*E.T.* À une clientèle jeune (la majorité du public a moins de trente ans), il faut des héros jeunes. Ainsi commence la nouvelle invasion du « teenager » capable d'assumer toutes les situations les plus traditionnelles du cinéma d'aventures fantastiques, sans cesser d'être branché ! Deuxième argument : pour une société de « fast-food » de la pellicule, le cinéma (et le cinéma de science-fiction en particulier) se doit d'être un divertissement rythmé et planant, facile d'accès et de digestion. La recette est simple : action, frisson, émotion, humour, émerveillement et... musique rock !

Le grand triomphateur de ce cinéma de SF pour consommation immédiate est *Retour vers le futur*, produit par Steven Spielberg et réalisé par Robert Zemeckis.

C'était demain (Nicholas Meyer - 1980).

Avec le film Quelque part dans le temps, de Jeannot Szwarc, adapté d'un roman de Richard Matheson, Christopher Reeves plonge mentalement dans le passé pour vivre l'amour fou avec une jeune actrice disparue, interprétée par Jane Seymour. Au moment où tous les bonheurs leur sont promis, un incident renvoie le jeune homme dans son présent. Et ce moment où le temps déchire le couple est un des plus beaux et des plus émouvants que nous ait offerts le cinéma de science-fiction.

Et, en 1985, une – en apparence ! – très simpliste histoire de machine à explorer le temps *made in USA* connaît un phénoménal succès. Un jeune lycéen, bien à l'aise dans ses baskets, se retrouve, au moyen d'un véhicule à remonter le temps inventé par un de ses copains savants dingos, dans les années 50, avant sa naissance et avant même la rencontre de ses parents. Maman jeune fille préfère déjà son futur fils à son futur mari. Le passager clandestin voit donc sa naissance bien compromise. Au-delà du divertissement d'action, *Retour vers le futur* se présente comme un refuge dans un proche passé heureux et insouciant. Il montre aussi que lorsqu'on prend son destin en main, tout s'arrange et que rien ne vaut les bonnes vieilles valeurs ! Tout cela flatte le teenager dans le sens du poil.

Robert Zemeckis (qui réalisa aussi *À la poursuite du diamant vert*) définit son film comme une « comédie-film d'aventures-de-science-fiction à l'aube du rock'n'roll, et, en plus, avec voyage dans le temps... et passage à l'âge adulte ! »

Explorers (Joe Dante - 1985).

L'heure est à la gentillesse : dans *Cocoon*, Ron Howard imagine des extraterrestres gentils apportant une fontaine de jouvence à des vieillards. Dans *Explorers*, de Joe Dante (le réalisateur de *Gremlins*), ce sont des collégiens très aventureux et très doués en informatique qui se fabriquent une capsule spatiale et rendent visite à des adolescents extraterrestres. Dans *Howard* de Willard Huyck, produit par George Lucas, un canard d'une autre planète où tous les civilisés sont des canards atterrit en plein New York et s'habitue très vite à ce monde moderne fou, fou, fou. Mais la plus habile et la plus séduisante adaptation des recettes d'*E.T.* se retrouve dans *Short-Circuit* réalisé par John Badham (*War Games*). Le film a battu les records du box-office américain. La vedette en est un robot militaire, conçu par l'armée pour des missions commandos et nommé « Number 5 ». Dessinée par Syd Mead et animée à la perfection, cette machine hyperperfectionnée se prend une étincelle dans les microcircuits et devient « vivante ». « Number 5 » sera adopté par une jeune fille sympa et écolo... mais aussi pourchassé pour être détruit par les militaires. Il va sans dire, *Short-Circuit* a déjà été tourné.

Après avoir ouvert le cinéma à l'imaginaire, puis avoir été considéré comme un genre mineur et stéréotypé, le cinéma de science-fiction est devenu le genre cinématographique le plus populaire des années 70 et 80.

Short-Circuit
(John Badham - 1986).

Aujourd'hui, les cinéastes ont fini de s'amuser avec cette baguette magique que

sont les nouvelles techniques d'animation, de maquettes, de maquillages ou d'images recréées par ordinateur (comme dans le stupéfiant *Tron* de Steven Lisberger ou dans le spectaculaire *Starfighter* de Nick Castle). Le cinéma de science-fiction est enfin arrivé à maturité. Il ne se contente plus d'être un divertissement purement visuel. Ses cinéastes ont pris conscience de l'importance de l'histoire et des personnages, loin des clichés mais tout près de l'innovation.

Forts de cette victoire des effets spéciaux sur l'impossible, ils s'attaquent allégrement aux classiques. Avec plus ou moins de bonheur. John Carpenter a fait de *The Thing* le plus viscéral des huis clos d'épouvante, où l'extraterrestre s'insinue en vous, pour vous Tobe Hooper a juste fait de *L'invasion vient de Mars* une pâle copie du film *Invaders*

from Mars réalisé dans les années 50 par William Cameron Menzies, avec juste une surenchère de créatures monstrueuses. Produit par Spielberg, Joe Dante s'est offert *L'Aventure intérieure*, où un homme et un vaisseau miniaturisés sont injectés dans un corps humain... à la manière du *Voyage fantastique* de Richard Fleischer. Le Blob, masse visqueuse, extraterrestre et anthropophage, qui avait inspiré, dans les années 70, à Larry Hagmann (alias J.R.) une suite en forme de comédie intitulée *Attention au Blob*, fait aujourd'hui l'objet d'un remake signé Chuck Russell.

Mais la plus intéressante de ces « nouvelles versions » est *La Mouche*. Signé David Cronenberg, le film joue sur la lente métamorphose de l'homme vers la mouche. Plus qu'une nouvelle dénonciation de la folie des apprentis sorciers, le réalisateur de *Scanners* et *Dead Zone* s'offre une réflexion sur le goût de l'homme pour un dépassement de soi qui l'entraîne vers l'autodestruction et sur la déchéance physique, que l'on a déjà assimilée à une allégorie sur le sida. La SF est donc plus que jamais à l'écoute de son époque. *La Mouche* a déjà été réalisée par Chris Walas, créateur des maquillages et du monstre (mécanique) final du premier film. Après Douglas Trumbull, les nouveaux as des effets spéciaux semblent décidés à passer eux-mêmes à la réalisation pour que le genre soit, plus que jamais, un défi novateur... visuel et intellectuel ! Le mot de la fin, après ce survol d'un genre plus vivace et créatif que jamais, s'impose donc : « À suivre ! »

2010 (Peter Hyams - 1985).

Filmographie

1902 *Le Voyage dans la Lune*
de Georges Méliès (France)

1926 *Metropolis*
(Metropolis), de Fritz Lang (Allemagne)

1931 *Dr Jekyll et Mr Hyde*
(Dr Jekyll and Mr Hyde), de Rouben Mamoulian (USA)

Frankenstein
(Frankenstein), de James Whale (USA)

1933 *L'Homme invisible*
(The Invisible Man), de James Whale (USA)

1936 *La Vie future*
(Things to Come), de William Cameron Menzies (USA)

1951 *Le Jour où la Terre s'arrêta*
(The Day the Earth Stood Still), de Robert Wise (USA) (vidéo RCV)

La Chose d'un autre monde
(The Thing), de Christian Nyby et Howard Hawks (USA) (vidéo GCR)

1952 *La Guerre des mondes*
(The War of the Worlds), de Byron Haskin (USA)

1953 *Le Météore de la nuit*
(It Came from Outer Space), de Jack Arnold (USA)

Les Monstres attaquent la ville
(Them !), de Gordon Douglas (USA) (vidéo Warner)

1954 *Godzilla*
(Gojira), d'Inoshiro Honda (Japon) (vidéo VIP)

Les Survivants de l'infini
(This Island Earth), de Joseph Newman (USA)

1955

L'Invasion des profanateurs de sépultures
(Invasion of the Body Snatchers), de Don Siegel (USA)

Le Monstre
(The Quatermass Experiment), de Val Guest (Grande-Bretagne)

1956

Planète interdite
(Forbidden Planet), de Fred McLeod Wilcox (USA) (vidéo RCV)

1957

Frankenstein s'est échappé
(The Curse of Frankenstein), de Terence Fisher (Grande-Bretagne) (vidéo Warner)

L'Homme qui rétrécit
(The Incredible Shrinking Man), de Jack Arnold (USA)

1958

La Mouche noire
(The Fly), de Kurt Newman (USA)

Le Monde, la Chair et le Diable
(The World, the Flesh and the Devil), de Ranald MacDougall (USA)

1960

La Machine à explorer le temps
(The Time Machine), de George Pal (USA) (vidéo RCV)

Le Village des damnés
(Village of the Damned), de Wolf Rilla (Grande-Bretagne)

1966

Fahrenheit 451,
(Fahrenheit 451), de François Truffaut (Grande-Bretagne)

Le Voyage fantastique
(Fantastic Voyage), de Richard Fleischer (USA) (vidéo RCV)

1967

Barbarella
de Roger Vadim (Italie-France) (vidéo CIC)

1968

La Planète des singes
(Planet of Apes), de Franklin J. Schaffner (USA)

2001, l'odyssée de l'espace
(2001, a Space Odyssey), de Stanley Kubrick (USA) (vidéo RCV)

1969

THX 1138
(THX 1138), de George Lucas (USA) (vidéo Warner)

1971

Silent Running
(Silent Running), de Douglas Trumbull (USA)

1973

Soleil vert
(Solyent Green), de Richard Fleischer (USA) (vidéo RCV)

Mondwest
(Westworld), de Michael Crichton (USA) (vidéo RCV)

1976

L'Homme qui venait d'ailleurs
(The Man Who Fell to Earth), de Nicholas Roeg (Grande-Bretagne) (vidéo Thorn Emi)

1977

Rencontres du troisième type
(Close Encounters of the Third Kind), de Steven Spielberg (USA) (vidéo GCR)

La Guerre des étoiles
(Star Wars), de George Lucas (USA) (vidéo CBS/Fox)

1978 *Superman*
(Superman), de Richard Donner (USA) (vidéo Warner)

1979 *Star Trek, le film*
(Star Trek, the Movie), de Robert Wise (USA) (vidéo CIC)

Alien
(Alien), de Ridley Scott (USA) (vidéo CBS/Fox)

1980 *C'était demain*
(Time after Time), de Nicholas Meyer (USA) (vidéo Warner)

Outland
(Outland), de Peter Hyams (USA)* (vidéo Warner)

1981 *Mad Max 2*
(Mad Max 2), de George Miller (Australie) (vidéo Warner)

Conan le barbare
(Conan the Barbarian), de John Milius (USA) (vidéo Thorn Emi)

1982 *Tron*
(Tron), de Steven Lisberger (USA) (vidéo Walt Disney)

Blade Runner
(Blade Runner), de Ridley Scott (USA) (vidéo Warner)

E.T.
(E.T.), de Steven Spielberg (USA)

1983 *War Games*
(War Games), de John Badham (USA) (vidéo Warner)

1984 *Dune*
(Dune), de David Lynch (USA) (vidéo Thorn Emi)

1985 *2010*
(2010), de Peter Hyams (USA) (vidéo MGM/UA)

Retour vers le futur
(Back to the Future), de Robert Zemeckis (USA) (vidéo CIC)

1986 *La Mouche*
(The Fly), de David Cronenberg (USA)

1987 *Robocop*
(Robocop), de Paul Verhoeven (USA)

1988 *Hidden*
(The Hidden), de Jack Sholder (USA)

Crédit photographique
Collection Gilles Gressard

Droits réservés, pages 7, 13, 15, 34, 35, 44, 46, 83, 107, 127, 136, 138, 140, 141, 143.
Métro-Goldwyn-Mayer, page 24.
Universal Pictures, page 48.

Maquette Chantal Aubin.
Photocomposition Communication, Champforgeuil.

J'ai lu Cinéma / Éditions J'ai lu
27, rue Cassette 75006 Paris

Imprimé en France par Intergraphie à Saint-Etienne
le 30 novembre 1988
Dépot légal décembre 1988. ISBN 2-277-37007-X
Diffusion France et étranger Flammarion